Manual del transporte en contenedor

Jaime Rodrigo de Larrucea

Con la colaboración de:

www.logisnet.com

Colección: BIBLIOTECA DE LOGÍSTICA
Director: David Soler

MANUAL DEL TRANSPORTE EN CONTENEDOR
1.ª edición, 2018

© 2018, Jaime Rodrigo de Larrucea
© de esta edición, incluido el diseño de la
cubierta, ICG Marge, SL
Imagen de cubierta: ESB Professional

Edita: Marge Books
València, 558 – 08026 Barcelona
Tel. 931 429 486 - marge@margebooks.com
www.margebooks.com

Compaginación: Mercedes Lara
Colaboración editorial: Carmen Escobar
Impresión: Safekat, SL (Madrid)

ISBN edición impresa: 978-84-17313-67-8
ISBN edición digital: 978-84-17313-68-5
Depósito Legal: B 13238-2018

Procedencia de las ilustraciones:

Archivo del autor, y:

Archivo Marge Books, 23, 24, 26, 27, 39a, 39b,
40a, 43a, 46, 47, 52, 55, 56a, 73, 105, 106,
124a
ASC, 104
Autoridad Portuaria de Bilbao, 117
Autoritat Portuària de Tarragona, 15, 86, 92
ECT (Europe Container Terminals), 93, 96,
103
Fernández Sasiaín, Francisco, 56b
J2 Servit, 144
JSV, 37a, 40b,
Marshall, Jasmine, 100, 101
Martínez, Juanjo, 37b, 69, 115, 116, 119
MRW, 54
Nisa, 42
Paceco España, SA, 92-93
Precintia, 124b
Puerto Seco Madrid, 89
Shipping Containers, 43b
Truckmo, 44
UPS, 45

El papel empleado en este libro no ha sido blanqueado con cloro elemental (CI_2).

Índice

Capítulo 7
Régimen jurídico del transporte marítimo de contenedores

El autor

Jaime Rodrigo de Larrucea (Barcelona, 1959) es abogado, doctor en Derecho y en Ingeniería Náutica y profesor ordinario de Derecho Marítimo y Seguridad Marítima en la Universidad Politécnica de Cataluña. También es colaborador académico en la Universidad Pompeu Fabra y en otros centros docentes.

Es coordinador del Área Legal y de Derecho Marítimo de la Facultad de Náutica de Barcelona y miembro del Ilustre Colegio de Abogados de Barcelona, en donde es presidente de la Sección de Derecho Marítimo. Similar distinción tiene en la Sección de Tecnología de la Real Academia Europea de Doctores, institución de la que es académico numerario. Es además miembro de honor del Consejo Superior Europeo de Doctores y Doctores *Honoris Causa* y ha sido reconocido con la Cruz de San Raimundo de Peñafort.

Entre sus publicaciones, editadas por Marge Books, destacan: *La seguridad en los puertos* (2012, en colaboración con R. Marí y Á. Librán), *Transporte en contenedor* (2014, en colaboración con R. Marí y J. Martí), *Seguridad Marítima. Teoría general del riesgo* (2015), y *La investigación en seguridad. Del Titanic a la ingeniería de la resiliencia* (2018).

Introducción

Después de participar en la publicación de diferentes obras sobre el transporte de mercancías en contenedor, me pareció conveniente afrontar el reto de elaborar un libro de referencia que, a modo de guía práctica, facilitase una introducción a esta materia a profesionales de muy diferentes sectores, a empresas usuarias del transporte en general y a operadoras que participan en el comercio internacional. Este es el factor determinante de la presente publicación. Por otro lado, mi anterior trabajo *Transporte en contenedor* (Marge Books, 2014) no contemplaba las últimas innovaciones tecnológicas en cuanto a operaciones portuarias y equipamientos de terminales, más allá de la necesaria actualización en otros aspectos más generales: jurídicos, ingeniería, buques, etc.

El contenedor, auténtica caja mágica, resulta uno de los objetos de referencia en el mundo contemporáneo; sin él no sería imposible la globalización económica que resulta del comercio internacional. Concebido originalmente como un elemento del transporte, no sólo ha reconfigurado los puertos, las plataformas logísticas y las redes de transporte, sino que ha generado nuevos usos y funciones en la arquitectura y el urbanismo.

Un manual es una publicación que incluye los aspectos fundamentales de una materia. Una guía que ayuda a entender el funcionamiento de algo, o que instruye a sus lectores acerca de un tema de forma ordenada y concisa. *Manual del transporte en contenedor* ofrece una visión panorámica de los principales aspectos en el uso y empleo del contenedor, pero enfatizando su propósito pedagógico y práctico. La selección de los temas tratados responde a un criterio subjetivo del autor, orientado a los problemas o cuestiones más usuales y frecuentes en relación al uso y empleo del contenedor de transporte.

Capítulo 1
El contenedor

1 El contenedor en la historia

La necesidad de agrupar las cargas para su transporte está presente en la mente de la humanidad desde que en algunas civilizaciones de la antigüedad se empezó a comerciar con cantidades significativas de mercancías. Su finalidad siempre ha sido franquear con mayor facilidad grandes distancias con los medios de transporte que cada época ha proporcionado, hasta llegar a la tecnología aplicada en nuestros días (véase la tabla 1.1).

2 Evolución del uso del contenedor en el transporte internacional

Prácticamente desde su nacimiento, pero de manera más intensa desde las últimas décadas del pasado siglo xx, el uso del contenedor mantiene un crecimiento espectacular, que se evidencia en las tendencias de las estadísticas anuales de los principales puertos comerciales del mundo. Salvo las excepciones de un escaso número de puertos que mantienen un crecimiento nulo, la mayoría hace décadas que apostó decididamente por la intermodalidad del transporte, adaptándose a las necesidades de los usuarios en cuanto a rapidez y seguridad en los tráficos de mercancías. Se ha afirmado que el contenedor es una de las grandes creaciones del hombre y ha transformado nuestra realidad contemporánea.[1] El creador de la «cajita» maravillosa que es el contenedor, en el contexto de la posguerra mundial, fue el norteamericano Malcolm McLean.

Malcolm McLean era una persona de origen humilde y transportista terrestre de profesión. Un día, mientras descargaba unos fardos de su vehículo y los colocaba uno por uno en el interior de un buque del puerto, se preguntó por qué no era posible levantar la carrocería del camión y subirla al buque con toda la mercancía. Le pareció lo más lógico, puesto que llevar uno a uno los fardos o las cajas era un trabajo realmente pesado que suponía una gran pérdida de tiempo. Así pues, la idea básica de McLean era la de poder llenar un buque con estos contenedores, descargarlos en su destino y cargar otros.

McLean llevó esa idea a un grupo de amigos, entre los que se encontraba el ingeniero Charles Tushing. Este último tomó la idea básica de McLean e incorporó algunos detalles técnicos sobre cómo levantar los contenedores y depositarlos en los

EVOLUCIÓN DEL CONCEPTO DE CONTENEDOR				
Fecha	**Tipo**	**Características**	**Procedencia**	**Aplicación**
Siglo III a.C.	Ánfora	Barro	Imperio griego	Líquidos
	Dolium	Cajas	Imperio romano	Mercancías diversas
1830	*Less transcar*	Unidades	Inglaterra	Mercancías diversas
1911	Contenedor	18 × 8 × 8 pies	EEUU	Servicio regular
1928	Contenedor	Unidades	Italia	Transporte automóviles
1940–1945	Caja estándar	Madera	EEUU	Armamento
Posterior a 1945	Caja	Madera y acero (6 × 6 × 6 pies)	EEUU	Armamento en la Guerra de Corea
1954	Contenedor	35 × 8 × 8	EEUU	Interior EEUU
1958	Contenedor	Unidades ISO	Europa	Recomendaciones
1965	Contenedor	ISO normalizada	Europa	Normativa
1967	Contenedor	Cantoneras	ISO	Normativa

Tabla 1.1. Evolución del concepto de contenedor a lo largo de la historia.

---

[1] Véase Levinson M. *The Box: How the Shipping Container Made the World Smaller and the World Economy Bigger;* Princeton Universiy Press, 2006.

barcos. Según explica el presidente de la Fundación de Historia de la Contenerización, «es el mismo sistema básico que se utiliza hoy día».

El primer buque portacontenedores fue el *Ideal-X*, que zarpó el 26 de abril de 1956 del puerto de Newark con 58 contenedores de 20 pies de largo y en seis días llegó a Houston. El éxito fue casi inmediato, lo único que faltaba era crear un sistema viable para poder hacer todo el proceso de una forma eficiente y rápida. De hecho, el éxito fue tan fulgurante que la compañía Dupont llenó el buque con contenedores para su viaje de regreso a Newark.

La necesidad de agilizar el proceso de carga y descarga de contenedores llevó rápidamente al desarrollo de un nuevo negocio, el de las grúas portacontenedores. Se formó un negocio nuevo y distinto, increíblemente grande si uno piensa en el tamaño de una de esas grúas. Gracias a aquella primera y atrevida aventura del *Ideal-X*, Malcolm McLean creó la compañía SeaLand Service que ha pasado a la historia del transporte y de la que actualmente es propietaria la naviera Maersk.

Figura 1.1. Contenedores de diversos tipos apilados en la zona de carga-descarga de vehículos de una terminal de contenedores.

Con la llegada del contenedor se inició el declive de la carga general, que era hasta entonces el tipo de transporte de mercancías más importante por vía marítima. Los clásicos buques con cuatro o más bodegas de carga, con sus respectivos entrepuentes, están en vías de extinción, a excepción de algunos casos de buques que se dedican al transporte de cargas especiales.

La estandarización de los espacios de carga en los buques portacontenedores facilita las operaciones de carga y descarga, con el resultado de mayor rapidez y menor tiempo de estancia del buque en el puerto. Asimismo, la estandarización del contenedor no solamente afecta a los buques sino que influye directamente en el funcionamiento de las terminales portuarias que los acogen, las terminales ferroviarias de contenedores, los depósitos de contenedores, las plataformas para el transporte de contenedores por carretera, etc. En definitiva, el incremento de los estándares del transporte intermodal aporta como ventaja el ahorro de costes y tiempo, en detrimento del transporte de mercancías en régimen de carga general, lento y de mayor coste.

3 Ventajas del transporte en contenedor

El transporte en contenedor ofrece numerosas ventajas para una amplia tipología de mercancías. Entre estas destacan las siguientes:

- La reducción del número de manipulaciones es un factor significativo en cuanto al cumplimiento de los plazos previstos para la entrega de los envíos.
- El contenedor, al tratarse de un envase estanco, cerrado y precintado, aporta mayor seguridad en cuanto a las faltas y los robos en los productos transportados.
- Las mercancías transportadas en contenedor están menos expuestas a averías, tanto por el menor número de manipulaciones de la carga como por la mayor seguridad en la estiba que este ofrece, lo que permite reducir la prima del seguro de transporte.
- Una mayor fluidez en los trámites de la documentación que acompaña a las expediciones.
- La mayor rapidez en las operaciones de carga y descarga de los buques dedicados al transporte de contenedores reducen el tiempo de estancia de este en el puerto, y, al mismo tiempo, los gastos de estadías, combustible, nóminas y otros.
- La reducción de los gastos de estiba y desestiba. Las operaciones de carga-descarga y estiba-desestiba se llevan a cabo con medios mecánicos, de manera

que se ahorran todas las manipulaciones manuales de estiba-desestiba en bodegas y entrepuentes clásicas de la carga general, con el consiguiente ahorro en tiempo y dinero.

– En las terminales portuarias, los contenedores se estiban en grandes explanadas al aire libre, lo cual supone un ahorro en la construcción y el mantenimiento de tinglados.

– Un mejor aprovechamiento de la capacidad de los medios de transporte.

– La reducción de los gastos de embalaje. Las mercancías están protegidas por los contenedores, por lo que no es necesaria una protección extra de empaquetado contra riesgos como el robo, las inclemencias del tiempo, etc.

– Ciertas mercancías, como la maquinaria de pequeño tamaño, se pueden transportar sin embalaje, asegurando solamente un buen trincado dentro del contenedor. De este modo, al evitar el uso del embalaje se reducen costes y espacio de carga.

– Para las compañías navieras es más económico la construcción de un buque portacontenedores que la de un buque convencional, puesto que se ahorra en la instalación de todos los medios de carga y descarga de cubierta (palos, grúas, jarcias, escotillas,[2] etc.), con el consiguiente ahorro en el mantenimiento de los mismos.

4   Desventajas en el uso del contenedor

A pesar de las ventajas detalladas en el apartado anterior, en el transporte en contenedor también pueden considerarse algunos inconvenientes, como son los siguientes:

– Aunque es sumamente amortizable, se debe tener en cuenta el precio de construcción de cada contenedor; este coste es inexistente cuando se trata de carga general no contenerizada.

– Se deben considerar los costes de mantenimiento del contenedor a lo largo de su vida comercial: reparaciones de daños ocasionados durante su explotación, pintado interior y exterior de paneles, mantenimiento de los bajos

---

[2] Existen buques portacontenedores sin tapas de escotilla *(hatch cover-less container carrier)*, lo cual les convierte en buques no estancos al agua y a la luz. Esta no estanqueidad de la cubierta queda compensada con un fiable sistema de achique.

del contenedor, reemplazo de las partes del contenedor deterioradas por el uso (WT),[3] limpiezas, etc.

- Si bien en los países considerados desarrollados el uso del contenedor es útil para el transporte de mercancía manufacturada hacia países en vías de desarrollo, estos últimos basan mayoritariamente su economía en la exportación de materias primas, generalmente a granel y donde no es práctico el uso del contenedor. Ello genera unas considerables existencias de contenedores en los puertos de dichos países, con el consiguiente coste de almacenaje y devolución.

- En época de crisis económica, durante la cual las importaciones y exportaciones sufren importantes recesiones, los depósitos de contenedores aumentan sus existencias, e incrementan al mismo tiempo los gastos de almacenaje para las navieras y las empresas de alquiler de contenedores.

- El uso del contenedor requiere una logística de ámbito internacional en la que se debe tener en cuenta la operativa de los depósitos de almacenaje, el mantenimiento y la reparación de contenedores repartidos por la mayoría de puertos de la red mundial, la inspección de los contenedores a cargo de los comisarios de averías o inspectores de carga *(surveyors)* requeridos por las navieras o por las empresas de alquiler, el movimiento de contenedores vacíos dependiendo de la oferta y la demanda, etc. El desequilibrio operativo en el posicionado de contenedores por las actuales rutas oceánicas unido a los problemas de congestión portuaria en las terminales, ha dado lugar a la llamada logística inversa del contenedor *(container reverse logistic)*, más allá de que las grandes navieras dispongan de programas propios de equipo, se han desarrollado diversas técnicas instrumentales de tratamiento del equipo: triangulación, *match back,* reposicionado; en orden al tratamiento de la logística inversa del contenedor.

En el interior de Europa continental, en el transporte por carretera, predomina el uso de cajas móviles, remolques, semirremolques, etc. En consecuencia, los contenedores recibidos en sus respectivos destinos deben ser devueltos a las zonas portuarias para un posterior llenado, con los gastos de transporte y almacenaje que ello comporta.

....

[3] WT, siglas de *were and there.*

5   Aspectos técnicos del contenedor

5.1   Normalización

El contenedor puede definirse como un recipiente o una caja de dimensiones normalizadas y de construcción estándar en el cual se cargan toda clase de mercancías para ser transportadas en uno o varios modos de transporte (marítimo, aéreo, ferroviario o por carretera), en lo que se conoce como transporte intermodal. De manera genérica, se denomina contenerización al transporte de carga mediante el uso de contenedores.

La recomendación ISO-R-668, de enero de 1968, referente a la «terminología del contenedor», lo definió como un artículo del equipamiento de transporte, que debía cumplir los siguientes requisitos:

- Tener carácter permanente y ser resistente para soportar un uso reiterado.
- Estar diseñado de manera que facilite su movilidad en una o más modalidades de transporte, sin necesidad de descargar la mercancía en centros intermedios.
- Estar provisto de dispositivos que permitan su fácil manejo, particularmente durante la transferencia de un vehículo a otro en una o más modalidades de transporte.
- Estar proyectado de modo que permita su fácil llenado y vaciado.
- Tener un volumen interno de 35,3 pies cúbicos (un metro cúbico) o más.

Con posterioridad, la International Standard Organization (ISO) creó en julio de 1968 la R-790, donde se definen las marcas de identificación; en enero de 1970 la R-1161, donde se hacen recomendaciones sobre los «dados»; y en octubre de 1970 la R-1897, donde se establecen las dimensiones mínimas internas de las unidades para carga general.

En paralelo, la comunidad internacional se ocupó de esta cuestión y en 1972 se celebró una conferencia, organizada por Naciones Unidas y la OMI (Organización Marítima Internacional), para examinar un proyecto de convenio elaborado por este organismo en colaboración con la Comisión Económica Europea, cuyo resultado fue el Convenio Internacional sobre Seguridad de los Contenedores (CSC 1972), con posteriores enmendado en 1983, 1991, 1994, 2012 y 2013.

Los anexos técnicos de este convenio determinan las pruebas periódicas que deben llevarse a cabo sobre los contenedores para garantizar su seguridad estructural, sometiéndolos a cargas de prueba en izada, apilamiento, cargas concentradas, rigidez transversal, pruebas estáticas, en paredes extremas y paredes laterales. Parte de dicha información debe registrarse en la «placa de aprobación de seguridad», lo cual será permanente, incorrosible e inconvertible, mientras el contenedor vaya superando satisfactoriamente las pruebas.

5.1.1 Convenio sobre la Seguridad en Contenedores (CSC)

Convenio firmado el 1972 y que entró en vigor el 1977, realizado en el marco de una conferencia conjunta entre la OMI y la ONU. El tratado tiene dos objetivos:

- **Seguridad en la manipulación de los contenedores**
  Mantener un alto nivel de seguridad en el transporte y la manipulación de contenedores, ofreciendo prescripciones sobre resistencias, controles y prue-

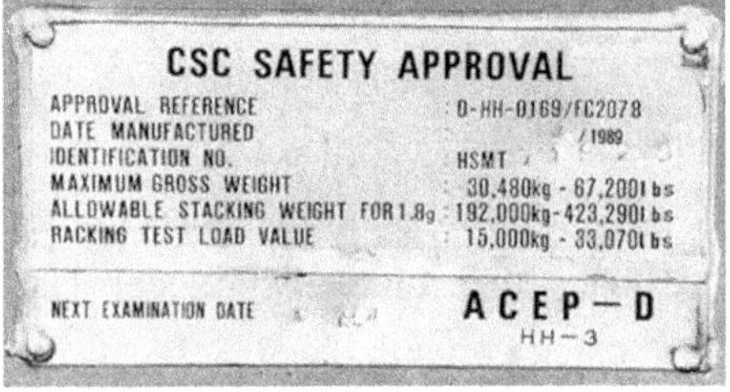

Figura 1.2. Placas CSC de aprobación de seguridad.

bas. En relación a estas pruebas, cabe señalar que para que un contenedor consiga la aprobación con el sello de la sociedad de clasificación Germanischer Lloyd, por ejemplo, deberá obtener unos valores equivalentes a 1,5 veces los prescritos por el CSC.

- **Fomento del transporte internacional de contenedores**
  Donde se engloban las normas de estandarización y documentación de los propios contenedores en todos los países firmantes, con el objetivo de que el contenedor viaje con el mínimo posible de formalidades administrativas.

Este convenio se debe aplicar a todos los contenedores que tengan cantoneras y unas medidas mínimas, excepto los dedicados exclusivamente al transporte aéreo. Para que un contendedor pueda ser utilizado debe pasar una inspección por parte de un Estado contratante del CSC. Cabe destacar que determinadas empresas han sido habilitadas para realizar tales inspecciones y suelen exigir unos estándares más altos; entre ellas cabe citar Lloyd Register, Bureau Veritas, Germanischer Lloyd y American Bureau of Shipping (ABS).

La Administración o su representante autorizado ha de facultar al fabricante para que coloque en los contenedores aprobados una placa identificativa relativa a la seguridad con los datos técnicos pertinentes.

La clave de este convenio reside en el principio de aceptación recíproca de los contenedores aprobados en cuanto a su seguridad por parte de los Estados contratantes. El mantenimiento posterior de un contenedor es responsabilidad del propietario, al que incumbe que el contenedor se someta periódicamente a revisión.

El anexo técnico del convenio prescribe específicamente que el contenedor ha de ser objeto de diversas pruebas que representen una combinación de las prescripciones de seguridad, tanto para el transporte de tierra como para el marítimo.

5.2 Fabricación y elementos constructivos

Desde el punto de vista de la fabricación, las características básicas de un contenedor son:

- Los límites de la estructura exterior no deben ser rebasados por ningún dispositivo o elemento añadido.

– No se debe exceder el peso que establece la normativa internacional.

– Tiene que ser completamente estanco.

– Llenado al máximo de su capacidad, se debe poder apilar a seis alturas mediante dispositivos colocados en las esquinas superior o inferior.

– El suelo debe resistir la presión de una carga de un mínimo de 200 kg, de manera uniforme, sobre una superficie de 600 × 300 mm.

– Los paneles delanteros y traseros deben poder soportar una carga repartida de manera uniforme de un mínimo de 0,4 veces el máximo de carga útil; mientras en los paneles laterales esta resistencia debe ser de 0,6 veces.

– Tienen que disponer, por lo menos, de una puerta de la mayor dimensión posible en uno de sus extremos.

El contenedor puede dividirse en tres partes: la estructura, las paredes y la base.

La estructura, que es la parte responsable de la resistencia, está hecha de una aleación de acero, y el resto de las partes están construidas con aluminio, material sintético, acero, madera o con la combinación de algunos de estos elementos.

Con el uso del aluminio, el peso del contenedor es un tercio inferior respecto al de acero, y, además, presenta una elevada resistencia a la corrosión, si bien en su conjunto es más vulnerable a los golpes y el coste de fabricación es más elevado.

La madera de la base recibe un tratamiento fungicida, aplicado por medio de autoclaves apropiados para uso en madera.

Las pinturas utilizadas en los contenedores son de calidad especial, con garantía para un determinado tiempo de exposición a las más severas condiciones de trabajo. Las más usuales, con distintos procedimientos de aplicación y de secado, son las siguientes:

– *Pinturas acrílicas:* gran dureza y cierta flexibilidad.

– *Pinturas epoxídicas:* elevado grado de resistencia a los agentes atmosféricos.

– *Pinturas alkídicas:* gran dureza; secan rápido por aplicación de calor.

– *Pinturas cauchocloradas::* resistencia a la corrosión y a los productos químicos.

– *Pinturas de poliuretano:* gran durabilidad y resistencia a la corrosión y abrasión; secan al aire.

La terminología de las partes constituyentes de un contenedor se muestra en las figuras 1.3 y 1.4.

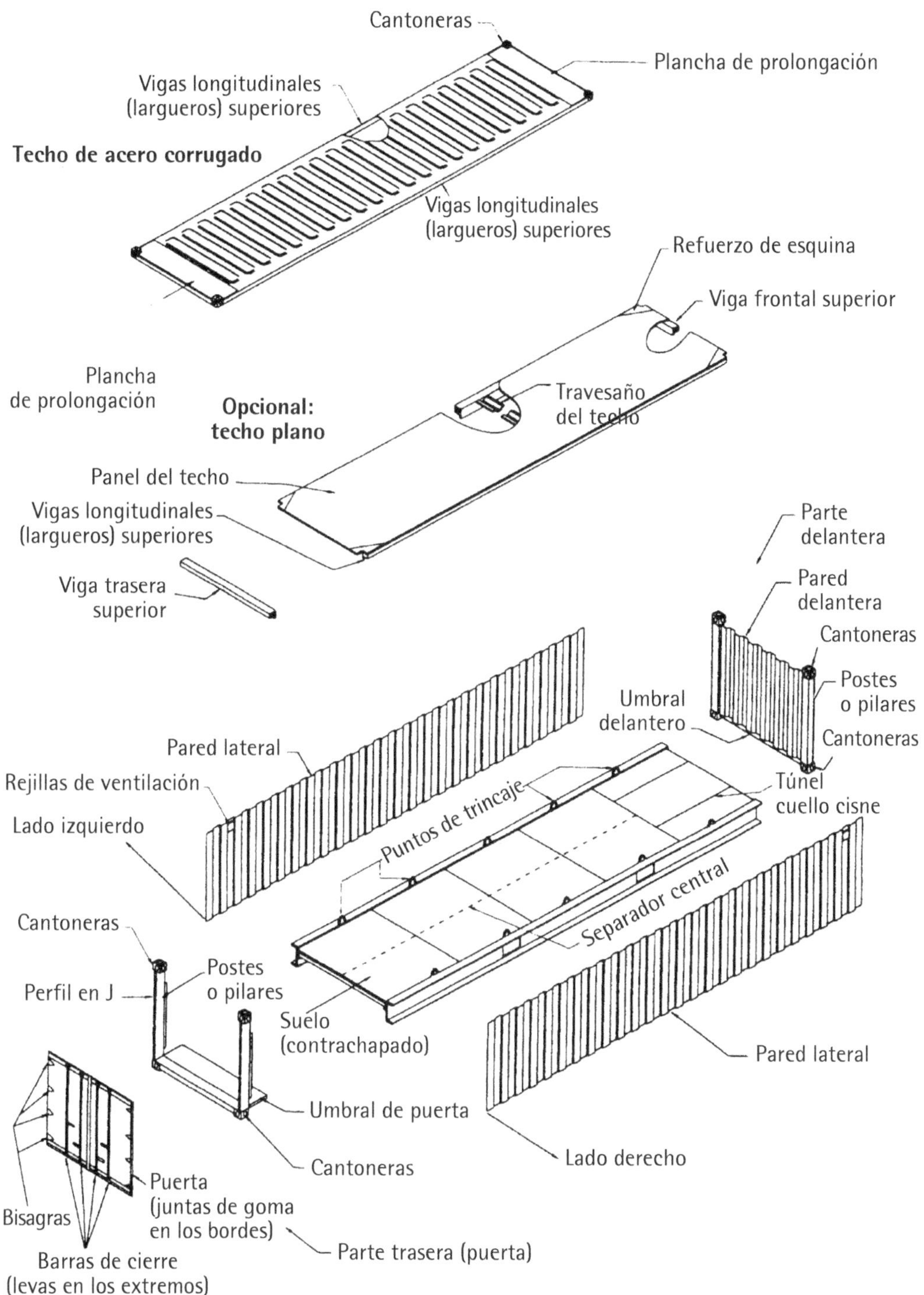

Figura 1.3. Terminología de los elementos que constituyen un contenedor.

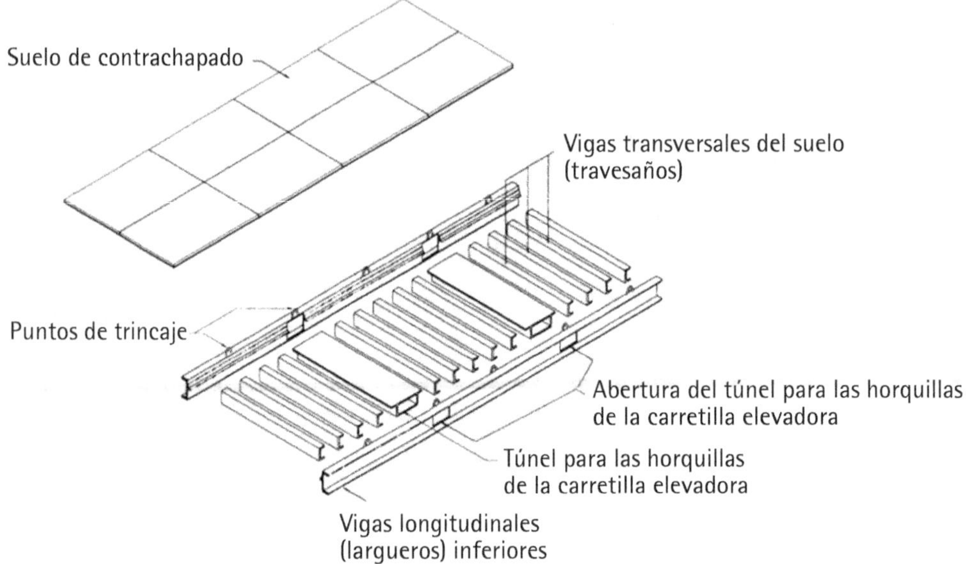

Figura 1.4. Detalle del suelo de un contenedor estándar de 20'.

5.3 *Dimensiones y capacidad*

Las dimensiones y capacidades del contenedor obedecen a las recomendaciones de la norma ISO, y para los principales tipos de contenedores son las que se resumen en la tabla 1.2, válidas para mediciones con una temperatura de 20 °C.

Los volúmenes indicados hacen referencia al máximo volumen calculado para el contenedor totalmente cargado. Dicho volumen es entre un 10 y un 15 % menor que la capacidad real del contenedor, teniendo en cuenta las dimensiones de las cargas, según envases normalizados. En la figura 1.5 se muestra un ejemplo en el que en un contenedor de 20 × 8,6 pies las cajas tienen una altura uniforme de 20 pulgadas, y la longitud y la anchura son mayores que la altura. Si el cálculo aporta un volumen de 1.170 pies cúbicos, la altura de 14 pulgadas del espacio vacío en la parte superior de la estiba de cajas dará una pérdida de ocupación para carga de unos 170 pies cúbicos.

Con sus respectivos volúmenes útiles y la capacidad de carga máxima, estas dimensiones, especialmente el ancho, buscan la intermodalidad con el ferrocarril y la carretera, así como facilitar el transporte por mar en los buques especializados. Estos buques portacontenedores poseen células-guía con dimensiones apropiadas

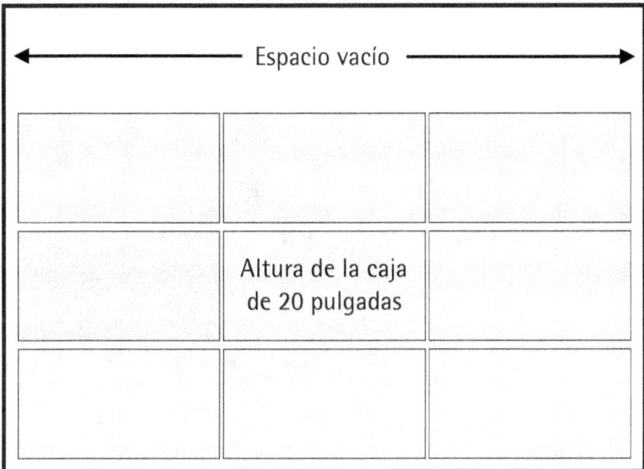

Figura 1.5. Ejemplo de ocupación en un contenedor.

para recibir los contenedores sin necesidad de sujeción, transportándolos con seguridad y ofreciendo rapidez durante las operaciones de manipulación de las unidades de carga.

Los más utilizados son los contenedores de 20 pies (6 m) y 40 pies (12 m) de longitud, con un volumen útil medio de 30 a 33 m^3 y de 60 a 67 m^3, respectivamente, en tanto la carga útil media es del orden de 21.000 y 27.000 kg, también respectivamente.

Un aspecto de gran importancia es la diferencia que hay entre el volumen útil del contenedor y el volumen efectivamente ocupado por la carga acondicionada dentro de este, provocada por la incompatibilidad de dimensiones entre los embalajes y el espacio disponible en el interior del contenedor.

La diferencia que hay entre el volumen de la carga y el volumen del contenedor es el denominado «factor de pérdida de estiba», que, como puede apreciarse en la tabla 1.3, adquiere distinto porcentaje según la capacidad del contenedor.

5.4 Identificación, siglas y numeración

Los contenedores poseen siglas y numeraciones que facilitan su identificación a través de sistemas informáticos. La recomendación ISO-R-790, de julio de 1986, que complementaba la ISO 2716-1972 (E), emitida en diciembre de 1970, exige

DIMENSIONES DE LOS CONTENEDORES DE TRANSPORTE							
	Dimensiones internas (mm)			Capacidad y carga útil		Con puertas abiertas (mm)	
	Largo	Ancho	Alto	Volumen (m³)	Carga máxima (kg)	Ancho	Alto
Contenedor cerrado, seco o de carga general *(dry container)*							
20'	5.898	2.352	2.393	33,2	21.740	2.340	2.280
40'	12.032	2.352	2.393	67,7	26.630	2.340	2.280
HC	12.032	2.352	2.698	76,3	26.520	2.340	2.585
45'	13.556	2.352	2.695	86	27.910	2.340	2.579
Contenedor de costado abierto *(open side)*							
20'	5.896	2.310	2.255	31	22.470	2.236	1.960
Contenedor frigorífico *(reefer container)*							
20'	5.444	2.284	2.267	28,5	21.135		
40'	11.583	2.284	2.250	58,7	26.580		
HC	11.583	2.286	2.556	67,9	26.380		
45'	13.102	2.286	2.509	75,4	27.300		

Continuación

	Dimensiones internas (mm)			Capacidad y carga útil		Con puertas abiertas (mm)	
	Largo	Ancho	Alto	Volumen (m³)	Carga máxima (kg)	Ancho	Alto
Contenedor sin techo *(open top container)*							
20'	5.900	2.330	2.337	32,6	21.740		
40'	12.025	2.330	2.337	65,8	26.410		
Contenedor plataforma *(flat rack container)*							
20'	5.628	2.178	2.159	/	21.740		
40'	11.762	2.178	1.986	/	26.410		
Contenedor cisterna o tanque *(tank container)*							
20'	/	/	/	21	27.410		
Contenedor granelero *(bulk container)*							
20'	5.838	2.366	2.374	32,7	28.030		

Tabla 1.2. Dimensiones de los principales tipos de contenedores de transporte.

FACTOR DE PÉRDIDA DE ESTIBA POR TIPO DE CONTENEDOR	
Tipo de contenedor	Factor de pérdida de estiba
ISO de 10 pies (3 m)	17 %
ISO de 20 pies (6 m)	12 %
ISO de 30 pies (9 m)	10 %
ISO de 40 pies (12 m)	8,9 %

Tabla 1.3. Factor de pérdida de estiba según el tipo de contenedor utilizado.

la colocación de marcas de identificación en todos los contenedores de carga, sean padrón ISO o no, y de acuerdo con la cláusula 1.1 de la ISO-R-830.

Por su parte, la norma ISO 6346, que fomenta la estandarización de los contenedores y fija como unidad base el TEU, establece un sistema de identificación de cada contenedor mediante:

– Un código de propietario comúnmente conocido como código BIC.[4]
– Una letra de identificación del tipo de equipamiento.
– Un número de serie.
– Un dígito de comprobación.
– Un código que establece las medidas y el tipo de contenedor.
– Un código de país.
– Marcas de operación.
– Indicación del peso máximo y la tara en kilogramos y libras.

• *Código de propietario.* Consiste en cuatro letras mayúsculas del alfabeto latino que designan al propietario o al principal operador del contenedor, en el que siempre la «U» es la última letra, con el significado de «UNIT», con excepción del contenedor-tanque. Este código necesita estar registrado en el BIC. Como se muestra en el ejemplo de la página siguiente, las letras correspondientes al código del propietario podemos tomarlas de la tabla 1.5.

---

[4] BIC, siglas de Bureau International des Containers et du Transport Intermodal.

Figura 1.6. Sistema de identificación de contenedores.

PRIMER Y SEGUNDO DÍGITOS DEL CÓDIGO DE TAMAÑO					
Digito 1.º	**Longitud nominal (mm)**	**Denominación**	**Dígito 2.º**	**Altura nominal (mm)**	**Túnel para Gooseneck**
0	3.000	ISO Container (2)	0	2.438	No
1	3.000	ISO Container (1)	1	2.438	Sí
2	6.000	ISO Container (1)	2	2.591	No
3	9.000	ISO Container (1)	3	2.591	Sí
4	12.000	ISO Container (1)	4	2.591	No
5	3.000	N.º ISO Container	5	–	Sí
6	3.000	N.º ISO Container	6	1.219 a 1.295	No
7	6.000	N.º ISO Container	7	1.219 a 1.295	Sí
8	9.000	N.º ISO Container	8	1.295 a 2.438	Sí o no
9	12.000	N.º ISO Container	9	–1.219	Sí o no

Tabla 1.4.

CÓDIGO DE PROPIETARIO			
A = 10	H = 18	N = 25	U = 32
B = 12	I = 19	O = 26	V = 34
C = 13	J = 20	P = 27	W = 35
D = 14	K = 21	Q = 28	X = 36
E = 15	L = 23	R = 29	Y = 37
F = 16	M = 24	S = 30	Z = 38
G = 17		T = 31	

Tabla 1.5.

TERCER Y CUARTO DÍGITOS PARA TIPOS ISO				
Dígitos 3 y 4	**Tipo**	**Notas**	**Características**	**Notas**
00	Contenedor	1	– Obertura(s) en uno o ambos extremos	13
01	polivalente		– Obertura(s) en uno o ambos extremos y obertura(s) completa(s) en uno o ambos lados	13
02			– Obertura(s) en uno o ambos extremos y obertura(s) parcial(es) en uno o ambos lados	13
03			– Obertura(s) en uno o ambos extremos y techo abierto	13 13
04			– Obertura(s) en uno o ambos extremos y techo abierto, más obertura(s) en uno o ambos lados	
10	Contenedor cerrado, con obertura	1	– Ventilación pasiva en lo alto del espacio de carga. Área total ventilada menor de 25 cm^2/m del largo del contenedor	13
11			– Ventilación pasiva en lo alto del espacio de carga. Área total ventilada menor de 25 cm^2/m del largo del contenedor	13
13	Contenedor cerrado, ventilado	13	– Sin sistemas mecánicos; ventilación por encima y por debajo del espacio de carga	
15			– Ventilación mecánica, localizada internamente	
17			– Ventilación mecánica, localizada externamente	
20	Contenedor térmico, con aislante	2,3	– Aislado	2a
21			– Aislado	2b
22	Calorífico	4	– Calorífico	2a/2c
25	Contenedores con denominación		– *Livestock carrier*	
26			– *Automobile carrier*	
30	Contenedor térmico refrigerado	2,5	– Refrigerado con refrigerante expandible	2a/2c
31			– Refrigerado mecánicamente	2a/2c
32	Refrigerado y calorífico	4,5	– Refrigerado y calorífico	2a/2c
40	Contenedor térmico, refrigerado y calorífico con equipos separados	2,5,6	– Con equipo separable de aparatos externos	2a
41			– Con equipo separable de aparatos internos	2a
42			– Con equipo separable de aparatos externos	2b
50	Contenedor sin techo	14	– Obertura(s) en uno o ambos lados	
51			– Obertura(s) en uno o ambos lados, y separable *top member(s) in end frame(s)*	

Continuación

Dígitos 3 y 4	Tipo	Notas	Características	Notas
52 53	Contenedor sin techo	14	– Obertura(s) en uno o ambos lados, y obertura(s) en uno o ambos lados – Obertura(s) en uno o ambos lados, y obertura(s) en uno o ambos lados, más separable *top member(s) in end frame(s)*	
60	Contenedor-plataforma		– Plataforma (contenedor)	8
61 62 63 64	Contenedor-plataforma con superestructura incompleta	7,8,9	– Con *ends* completos y fijados – Con *free-standing posts* fijados – Con *ends* completos y plegables – Con *free-standing posts* completos	
65 66 67	Contenedor-plataforma con estructura completa y contenedor de costado abierto		– Con techo – Con contenedor de techo abierto – Con contenedor de techo abierto, *open ends (skeletal)*	
70 71 72 73 74 75 76 77 78	Contenedor tanque	10 11 12	– Para líquidos no peligrosos, test de presión 0,45 bar – Para líquidos no peligrosos, test de presión 1,50 bar – Para líquidos no peligrosos, test de presión 2,65 bar – Para líquidos peligrosos, test de presión 1,50 bar – Para líquidos peligrosos, test de presión 2,64 bar – Para líquidos peligrosos, test de presión 4,0 bar – Para líquidos peligrosos, test de presión 6,0 bar – Para gases peligrosos, test de presión 10,5 bar – Para gases peligrosos, test de presión 22,0 bar	
80-89	Contenedor de carga seca	11		
90 91 92 93 94 95 96 97 98 99	Contenedor *air surface*		– Polivalente – Cerrado, con oberturas o ventilados – Térmico – Refrigerado – Refrigerados y calorífico con equipos separados – Contenedor de techo abierto – Plataforma (palés) – Contenedor tanque – Contenedor de carga seca – Otros	

Tabla 1.6.

Código de contenedor (tipo y medidas)			
Tipo de grupo ISO		**Tipo de medida ISO**	
Código	**Descripción**	**Código**	**Descripción**
22GP	Multipropósito	20G0	Multipropósito
		20G1	Multipropósito
20HR	Aislado	20H0	Aislado
20PF	Plataforma (extremos fijos)	20P1	Plataforma (extremos fijos)
20TD	Tanque	20T3	Tanque
		20T4	Tanque
		20T5	Tanque
		20T6	Tanque
20TG	Tanque	20T7	Tanque
		20T8	Tanque
20TN	Tanque	20T0	Tanque
		20T1	Tanque
		20T2	Tanque
22BU	Granelero	22B0	Granelero
22GP	Multipropósito	22G0	Multipropósito
		22G1	Multipropósito
22HR	Aislado	22H0	Aislado
22PC	Plataforma (plegable)	22P3	Plataforma (plegable)
		22P8	Plataforma
		22P9	Plataforma (plegable)
22PF	Plataforma (extremos fijos)	22P1	Plataforma (extremos fijos)
		22P7	Plataforma
22RC	Refrigerado (no alimentos)	22R9	Refrigerado (no alimentos)
22RS	*Built-in gen. F. Power sply of reef*	22R7	*Built-in gen. F. Power sply of reef*
22RT	Refrigerado	22R1	Refrigerado
22SN	Contenedor carga nombrado	22S1	Contenedor carga nombrado
22TD	Tanque	22T3	Tanque
		22T4	Tanque
		22T5	Tanque
		22T6	Tanque

Continuación

	Tipo de grupo ISO		Tipo de medida ISO	
Código	**Descripción**	**Código**	**Descripción**	
22TG	Tanque	22T7	Tanque	
		22T8	Tanque	
22TN	Tanque	22T0	Tanque	
		22T1	Tanque	
		22T2	Tanque	
22UP	Contenedor de techo rígido	22U6	Contenedor de techo rígido	
22UT	De techo abierto	22U1	De techo abierto	
22VH	Ventilado	22V0	Ventilado	
		22V2	Ventilado	
		22V3	Ventilado	
25GP	Gp-contenedor *over-height*	25G0	Gp-contenedor *over-height*	
26GP	Gp-contenedor *over-height*	26G0	Gp-contenedor *over-height*	
26HR	Aislado	26H0	Aislado	
28TG	Tanque para gas	28T8	Tanque para gas	
28UT	De techo abierto (media altura)	28U1	De techo abierto (media altura)	
28VH	Ve-media altura=1.448 mm	28V0	Ve-media altura=1.448 mm	
29PL	Plataforma	29P0	Plataforma	
2EGP	Multipropósito sin ventilación, de 2,5 de ancho	2EG0	De gran cubicación (2,5 de ancho)	
42GP	Multipropósito	42G0	Multipropósito	
		42G1	Multipropósito	
42HR	Aislado	42H0	Aislado	
42PC	Plataforma (plegable)	42P3	Plataforma (plegable)	
		42P8	Plataforma	
		42P9	Plataforma (plegable)	
42PF	Plataforma (extremos fijos)	42P1	Plataforma (extremos fijos)	
42PS	Plataforma *(space saver)*	42P6	Plataforma *(space saver)*	
42RC	Refrigerado (no alimentos)	42R9	Refrigerado (no alimentos)	
42RS	Refrigerado (gen. diesel)	42R3	Refrigerado (gen. diesel)	
42RT	Refrigerado	42R1	Refrigerado	

Continúa

Continuación

Tipo de grupo ISO		Tipo de medida ISO	
Código	**Descripción**	**Código**	**Descripción**
42SN	Contenedor carga nombrado	42S1	Contenedor carga nombrado
42TD	Tanque	42T5	Tanque
		42T6	Tanque
42TG	Tanque	42T8	Tanque
42TN	Tanque	42T2	Tanque
42UP	Contenedor de techo rígido	42U6	Contenedor de techo rígido
42UT	De techo abierto	42U1	De techo abierto
45BK	Granelero	45B3	Granelero
45GP	De gran cubicación	45G0	De gran cubicación
		45G1	De gran cubicación
45PC	Plataforma (plegable)	45P3	Plataforma (plegable)
		45P8	Plataforma
45RC	Refrigerado (no alimentos)	45R9	Refrigerado (no alimentos)
45RT	Refrigerado	45R1	Refrigerado
45UT	De techo abierto	45U1	De techo abierto
45UP	De gran cubicación y techo rígido	45U6	De gran cubicación y techo rígido
46HR	Aislado	46H0	Aislado
48TG	Tanque para gas	48T8	Tanque para gas
49PL	Plataforma	49P0	Plataforma
4CGP	Contenedor GP	4CG0	Contenedor GP (2,5 m ancho)
L0GP	De gran cubicación	L0G1	De gran cubicación
L2GP	De gran cubicación	L2G1	De gran cubicación
L5GP	De gran cubicación	L5G1	De gran cubicación

Tabla 1.7. Código de contenedor según los tipos y medidas del contenedor.

- *Tipo de equipamiento.* Utiliza una de las siguientes tres mayúsculas del alfabeto latino:

  - U: para los contenedores de uso corriente.
  - J: para equipos auxiliares adosables.
  - Z: para chasis o tráileres de transporte vial.

- *Número de serie.* Consiste en seis dígitos numéricos asignados por el propietario u operador y que sirven únicamente a este en la identificación de su contenedor. Cuando no llegan a seis, se completa anteponiendo tantos ceros como sean necesarios.

Ejemplo: Contenedor ICSU – 406550 – (X)

Donde ICSU = código del propietario = Integrated Container Service (recuérdese que el código del propietario termina siempre con la letra «U»).

Si observamos la tabla 1.5, obtendremos los siguientes números: I = 19, C = 13, S = 30, U = 32.

A continuación, se ordenan colocando la numeración antes obtenida seguida del número de serie, que en el caso del ejemplo quedaría así: 19-13-30-32-4-0-6-5-5-0.

Seguidamente, se multiplica cada número antes mencionado por el factor de ponderación en la escala 20 a 29, y así obtendremos:

$$
\begin{array}{rcl}
19 \cdot 2^0 &=& 19 \\
13 \cdot 2^1 &=& 26 \\
30 \cdot 2^2 &=& 120 \\
32 \cdot 2^3 &=& 256 \\
4 \cdot 2^4 &=& 64 \\
0 \cdot 2^5 &=& 0 \\
6 \cdot 2^6 &=& 384 \\
5 \cdot 2^7 &=& 640 \\
5 \cdot 2^8 &=& 1.280 \\
0 \cdot 2^9 &=& 0 \\
\hline
&& 2.789
\end{array}
$$

La suma de los productos obtenidos deberá ser dividida por el valor modular 11 (once), el resto encontrado de la división será el código de dígito que debe ser aplicado, es decir, 2.789/11 = 253 y resto igual a 6.

Por tanto, el número obtenido en el resto de la división ha sido el 6, que corresponde al código de dígito, con lo que así queda la identificación completa del contenedor:

ICSU - 406550 – 6

- *Dígito de comprobación.* Consiste en 1 dígito numérico cuyo objetivo es el de comprobar la veracidad del código del propietario y del número de serie. Este dígito verificador es de suma importancia pues garantiza en transmisiones y en el ingreso a sistemas informatizados su correcta escritura. Su cálculo se realiza mediante un algoritmo.

6   Tipos de contenedor

Teniendo en cuenta el límite de sus dimensiones (véase la tabla 1.2), el contenedor puede recibir cargas de cualquier naturaleza. Para ello existen en el mercado una amplia variedad de tipologías, adaptadas a las más diferentes finalidades:

- **Contenedor calorífico** *(heated container)*
  Contenedor isotermo al que se ha adaptado un sistema de calefacción con el fin de mantener o elevar su temperatura interior.

- **Contenedor cerrado, seco o de carga general** *(dry container)*
  Es el contenedor de uso más frecuente para cargar mercancía general seca y unitizada mediante palés, cajas, barriles, etc. Es estanco y cerrado, con suelo, techo, paredes laterales y de los extremos rígidos. Está dotado de puertas en el testero y se carga a través de ellas con ayuda de carretillas o transpaletas. Se fabrica en acero (véase la figura 1.7).

- **Contenedor cisterna o tanque** *(tank container)*
  Se emplea para transportar graneles líquidos (aceite, plásticos, resinas, látex, leche, cerveza, vino, agua mineral, etc.) y algunas sustancias peligrosas, como líquidos tóxicos, corrosivos y altamente inflamables. Se compone de una cisterna de aluminio o acero inoxidable anclada en un bastidor o estructura de soporte con los accesorios necesarios para su trincaje en los anclajes de buques, vehículos y vagones, o bien para apilarlo sobre otro contenedor (véase la figura 1.8).

- **Contenedor de automóviles** *(car container)*
  Contenedor abierto, sin paredes laterales, con o sin techo, acondicionado con barras de acero desmontables y dispositivos para la sujeción y el trans-

Figura 1.7. Contenedor cerrado de 45 pies.

Figura 1.8. Contenedores cisterna apilados en una terminal de contenedores.

porte de los vehículos a uno o dos niveles. Existen modelos de gran capacidad y dos alturas, con piso y estructuras laterales riostradas fijas (véase la figura 1.9).

- **Contenedor de costado abierto** *(open side container)*
  Cuando la mercancía que hay que cargar, debido a su longitud, resulta de difícil manejo a través del testero, se utiliza un contenedor abierto por uno o los dos costados para facilitar la operación. Es especialmente apto para la carga y descarga en las estaciones de ferrocarril. Está construido en acero (véase la figura 1.10).

- **Contenedor de gran capacidad** *(high cube container)*
  Contenedor cerrado de mayor altura que otros tipos de contenedores (2,9 m o más, en lugar de 2,44 m). Se utiliza especialmente para el transporte de mercancías voluminosas y de poco peso. Se fabrica en acero.

- **Contenedor de temperatura controlada** *(controlled temperature container)*
  Contenedor térmico dotado de sistemas o equipos de control y registro de la temperatura y la humedad.

- **Contenedor europalé** *(pallet wide container)*
  Contenedor ISO estándar, de 20', 40' o 45' con una anchura exterior de 8,2', (2,5 m), adaptados al tamaño de los europalés, lo cual permite optimizar el espacio del interior del contenedor e incrementar el número de palés que se pueden estibar en comparación con los contenedores estándar.

- **Contenedor frigorífico** *(reefer container)*
  Contenedor térmico capaz de mantener la mercancía a una temperatura de hasta −30 ºC. Cuenta con un dispositivo frigorífico para mantener la temperatura deseada de manera autosuficiente, al mismo tiempo que puede conectarse al buque, al vehículo de transporte o a la terminal para obtener el suministro de energía que permite su funcionamiento. Algunos contenedores frigoríficos también controlan el grado de humedad de su interior. Son idóneos para transportar mercancías perecederas: carne, fruta, etc. Se fabrica en aluminio o aluminio y acero inoxidable (véase la figura 1.11).

Figura 1.9. Contenedor de gran capacidad para el transporte de automóviles a dos alturas.

Figura 1.10. Contenedor de costado abierto.

- **Contenedor granelero** *(bulk container)*

  Contenedor utilizado para el transporte de carga seca a granel, como productos químicos granulados, cemento, fertilizantes, harina, leche en polvo, azúcar, sal, etc. La mercancía se introduce en el contenedor mediante mangueras conectadas a unas escotillas dispuestas en su parte superior, y se extrae a través de unas compuertas de vaciado situadas en sus puertas, basculando el contenedor o utilizando transportadores neumáticos. Se fabrican con fibra de vidrio y acero (véase la figura 1.12).

Figura 1.11. Contenedor frigorífico para el transporte de productos perecederos.

Figura 1.12. Contenedor granelero.

- **Contenedor hipobárico** *(hipobaric container)*
Contenedor empleado en el transporte de productos vegetales altamente perecederos, como plantas, flores o fruta. Además de sistema de humidificación, dispone de equipos que permiten modificar la concentración de gases en el aire, para conseguir una presión de oxígeno menor que la atmosférica. Su aspecto exterior es muy similar al del contenedor térmico.

- **Contenedor ISO** *(ISO container)*
Contenedor de dimensiones, capacidad y peso acordes con las normas ISO (International Standart Organization), apto para el transporte intermodal de mercancías.

- **Contenedor isotermo** *(insulated container)*
Contenedor que se caracteriza por tener las paredes, las puertas, el suelo y el techo construidos con materiales aislantes, con el fin de disminuir la tasa de transmisión de calor entre el interior y el exterior. Se utiliza para transportar mercancías que precisan mantener una temperatura constante determinada, por ejemplo las plantas vivas o algunas mercancías peligrosas. Puede estar provisto de separadores, mamparas, conductos de ventilación, equipos de modificación y control de la atmósfera interior, y de dispositivos de refrigeración, calefacción y de generación de energía ubicados en el interior o exterior del contenedor.

- **Contenedor jaula** *(livestock container)*
Contenedor que se utiliza para transportar animales vivos, por lo que dispone, como mínimo, de una pared vertical no maciza para favorecer la ventilación. Su diseño facilita las labores de limpieza y el acceso para la manutención de los animales. También existen contenedores jaula provistos de una estructura de pilares en los costados y los testeros, para transportar productos siderúrgicos (véase la figura 1.13).

- **Contenedor para pulverulentos** *(container for granular and powdery materials)*
Contenedor construido para el transporte a granel de mercancías granulosas o pulverulentas.

Figura 1.13. Contenedor jaula de 20' para el transporte de animales vivos.

- **Contenedor plataforma** (*flat rack container*)
  Contenedor formado por una plataforma, sin ninguna otra superestructura o con paneles frontales (fondos) fijos o plegables, que pueden ser de diferentes alturas, con igual longitud, anchura, requisitos de resistencia y dispositivos de manipulación y seguridad que los requeridos para los contenedores ISO. Se utiliza cuando las características de los elementos que hay que transportar no encajan con las de ningún otro tipo de contenedor, y es especialmente adecuado para elementos pesados y de gran volumen, como maquinaria, cables, bidones, bobinas y láminas de acero, vehículos pesados o productos forestales. Cuando dispone de paneles frontales abatibles, es posible su apilamiento como si se tratara de bandejas para su almacenamiento o retorno en vacío. Se fabrica en acero (véanse las figuras 1.14 y 1.15).

- **Contenedor plataforma con laterales fijos** (*flat rack with fixed sides*)
  Contenedor de plataforma provisto de estructuras longitudinales permanentes entre los paneles frontales fijos, que pueden ser de diferentes alturas.

Figura 1.14. Contenedor plataforma de paneles fijos.

Figura 1.15. Contenedor plataforma plegable.

Figura 1.16. Contenedor sin techo cubierto con una lona plástica.

- **Contenedor sin techo** *(open top container)*
  Contenedor que no dispone de techo rígido, lo que permite cargarlo mediante grúas y cubrirlo con una cubierta flexible y móvil, como una lona de plástico reforzado o una chapa rígida desmontable, por ejemplo. Puede tener puertas en los paneles frontales o laterales, y resulta especialmente útil para grandes cargas, como cristales, mármoles, material de construcción, madera o maquinaria de gran volumen. Se fabrica en acero (véase la figura 1.16).

- **Contenedor ventilado** *(closed ventilated container)*
  Contenedor cerrado que se utiliza para transportar mercancías que precisan una ventilación constante para mantener su estado de conservación. Está dotado de aberturas o dispositivos superiores, intermedios e inferiores para la circulación natural o mecánica del aire.

7   Contenedores en la carga aérea

La mayor parte del transporte aéreo de carga se lleva a cabo utilizando las bodegas de los aviones de pasaje. Entre el 80 y el 90 % de las cargas por vía aérea son trans-

Figura 1.18. Contenedor iglú para transporte aéreo.

portadas por líneas aéreas miembros de la International Air Transport Association (IATA), entidad que normaliza las reglas del transporte aéreo en todo el mundo.

Los contenedores de carga aérea cumplen los requisitos del transporte intermodal, sin que las mercancías deban ser estibadas de nuevo.

Una de las restricciones del transporte aéreo de carga es el precio. Las cargas aéreas son apropiadas para las que tienen alto valor y poco volumen, dado que el flete casi siempre se considera elevado.

Las ventajas del transporte de mercancías por el modo aéreo son las siguientes:

- Entrega rápida, en gran parte debido al menor tiempo de depósito, ya que la carga transportada es entregada en pocas horas, mientras que en el modo marítimo, en el mejor de los casos, puede ser de uno a dos días, o semanas, lo que en su conjunto significa un mayor riesgo para la carga al sufrir robos, pillaje y otros daños.
- Elevada seguridad, ya que las propias instalaciones aeroportuarias y los procedimientos del transporte aéreo son extremadamente rigurosos, aportando un mayor control ante las posibles manipulaciones indebidas y las delictivas.

CONTENEDORES DE TRANSPORTE AÉREO DE CARGA					
	Dimensiones internas (cm)			**Capacidad y carga útil**	
	Largo	Ancho	Alto	Volumen (m³)	Carga máxima (kg)
P1P (Código IATA ULD) **Palé plataforma con red** *(flat pallet with net)*	317,5	223,5	162,6	10,5	4.626
P6P 10′ **Palé plataforma con red** *(flat pallet with net)*	317,5	243,8	162,6	21,2	6.804
PLA Medio palé plataforma con red *(half pallet with net)*	317,5	153,4	162,6	7,1	3.175
PRA 16′ Medio palé plataforma con red *(half pallet with net)*	497,8	243,8	243,8	27,6	11.300
PGA 20′ **Palé plataforma con red** *(flat pallet with net)*	605,8	243,8	243,8	33,7	11.340

Continuación

	Dimensiones internas (cm)			Capacidad y carga útil	
	Largo	Ancho	Alto	Volumen (m³)	Carga máxima (kg)
AMA Contenedor rectangular *(rectangular container)*					
	317,5	243,8	243,8	17,6	6.804
AMD Contenedor contorneado *(contoured container)*					
	317,5	243,8	299,7	21,2	6.800
AGA 20' Contenedor caja *(box container)*					
	605,8	243,8	243,8	33,7	11.340
AAF Contenedor contorneado *(contoured container)*					
	317,5	223,5	162,6	13,3	6.033
AAU Contenedor contorneado *(contoured container)*					
	317,5	223,5	162,6	14,4	6.033

Tabla 1.9. Características de los contenedores más usuales
en el transporte aéreo de carga.

- Menor necesidad de atenciones al embalaje-envase, relacionado con el mayor control de la seguridad, lo que se traduce en menores costes de peso (flete), embalajes y horas de trabajo.
- Seguros menos costosos, debido a la disminución del riesgo de daños que pueden sufrir las mercancías.

7.1 *Tipología y capacidad de los contenedores aéreos*

En el transporte aéreo de mercancías se da también la necesidad de adaptar las características de los contenedores a la naturaleza de las cargas que se han de transportar y al fuselaje y las dimensiones de los aviones, que implican unas limitaciones físicas de los compartimientos de carga.

En la tabla 1.9 se resume los tipos de contenedores más usuales en el transporte aéreo de carga.

Capítulo 2

Uso y transporte del contenedor

1 Tipología de las mercancías transportadas en contenedor

El contenedor posee un tipo de estructura y las condiciones físicas para transportar prácticamente cualquier tipo de carga susceptible de ser llevada en camión o vagón ferroviario.

Por otro lado, desde el punto de vista económico, no es de esperar un resultado positivo cuando se emplean contenedores para transportar productos de gran peso o volumen por debajo del «valor intrínseco». Debemos convenir, pues, que, en principio, el contenedor está pensado para ser usado en el transporte de cargas nobles.

Respecto a la idoneidad de su uso, se puede adoptar la siguiente clasificación considerando el grado de eficiencia (véase también la tabla 2.1):

- **Excelente**

  Productos de gran valor con un flete relativamente alto cuyo factor de estiba sea compatible con la relación volumen y capacidad de carga del contenedor, así como los productos sensibles al deterioro y el robo, por ejemplo, licores, vinos, tabacos elaborados, productos farmacéuticos, materiales informáticos, conservas, etc.

- **Adecuada**

  Mercancía general de valor moderado que tenga tendencia a la contaminación o que esté sujeta a incrementos de fletes, por ejemplo, harina en sacos, pieles frescas, tabaco, café en sacos, semillas de cacao en sacos, pinturas vegetales, etc.

CLASIFICACIÓN POR GRADO DE EFICACIA ECONÓMICA (%)				
Mercancías	Excelente	Adecuada	Marginal	Inadecuada
Productos de carne, leche y de la pesca	25	–	10	15
Cuero, piel y sus manufacturas	–	75	–	–
Productos animales no comestibles	–	80	20	–
Productos animales diversos	–	90	5	5
Aceites animales	–	25	75	–
Harinas diversas	–	100	–	–
Vegetales, frutas y sus derivados	80	20	–	–
Aceites vegetales comestibles	25	25	50	–
Café y cacao	–	100	–	–
Té	100	–	–	–
Especias	100	–	–	–
Azúcar	–	–	10	90
Melaza	–	–	20	80
Vinos y licores	100	–	–	–
Harina para uso animal	–	80	20	–
Productos alimenticios diversos	75	25	–	–
Caucho y derivados	20	60	–	20
Resinas vegetales	25	75	–	–
Drogas de origen vegetal	90	10	–	–
Granos y semillas	10	90	–	–
Aceites vegetales no comestibles	10	40	50	–
Pinturas vegetales	–	100	–	–
Productos vegetales no comestibles	60	20	20	–
Tabaco	100	–	–	–
Fibras naturales no manufacturadas	10	50	40	–
Algodón y lana manufacturados	100	–	–	–
Sacos de yute y similares	–	–	100	–
Fibras vegetales manufacturadas	100	–	–	–
Fibras sintéticas y sus manufacturas	100	–	–	–
Textiles	95	5	–	–
Troncos, postes y durmientes	–	–	55	45
Madera no manufacturada	–	10	80	10

Tabla 2.1. Clasificación de mercancías según el grado de eficacia económica
que se alcanza en el uso del contenedor para su transporte.

- **Marginal**

  Productos que pueden ser colocados físicamente dentro de los contenedores, pero que son de poco valor y fletes bajos.

- **Inadecuada**

  Carga que no se puede colocar físicamente dentro del contenedor. Ejemplos de ello son los grandes camiones, las estructuras con más de 40 pies de longitud (12 m) y otros productos de muy bajo valor, tales como la arena, los lingotes de hierro, la chatarra, etc., cuyo transporte resulta más económico en buques de carga general, graneleros, etc., adecuados para ese tipo de carga.

Todas estas consideraciones deben ser tenidas en cuenta antes de decidir la utilización de un contenedor, además de considerar el flete mínimo establecido por las «conferencias de flete»[5] y otros acuerdos de ámbito sectorial o de comercio internacional.

Por otro lado, en el competitivo servicio del transporte, la vía marítima debe ser comparada con los distintos modos y su relación con el transporte de contenedores.

2 El concepto de unitización y el grupaje

La unitización consiste en el agrupamiento de mercancías de la misma especie, e incluso de naturaleza diferente, en unidades de mayor volumen, de formas y dimensiones preestablecidas, capaces de facilitar su transporte, movimiento y almacenamiento de manera sistematizada, patroneada, segura y homogénea, mediante la utilización de equipos mecanizados.

El grupaje es un procedimiento de transporte que consiste no sólo en el agrupamiento de mercancías de diferente especie, sino también de distintos fabricantes o procedencias, relacionadas con un destino común (puerto, ciudad, aeropuerto, etc.).

---

[5] Convenio de cooperación entre líneas marítimas regulares, cuya finalidad es optimizar sus recursos y prestar sus servicios mediante tarifas uniformes y competitivas. Mediante la conferencia marítima, las empresas armadoras también consiguen reducir el riesgo que supone el compromiso de que los buques deban partir en las fechas y realizando las escalas que tienen prefijadas, hayan conseguido o no completar su capacidad de carga. En la Unión Europea quedaron derogadas el 18 de octubre de 2008 por el Reglamento (CE) 1490/2007 del Parlamento Europeo y del Consejo. (Fuente: *Diccionario de logística*, en www.logisnet.com.)

2.1 Sistemas de unitización

Desde el desarrollo de las técnicas más sencillas hasta los más complicados sistemas actuales, pueden detallarse los sistemas de unitización que se describen en los apartados siguientes.

2.1.1 El palé

Los palés constituyen el equipo esencial para la carga rápida y segura de mercancías en un contenedor por medios mecánicos. Son elementos formados por una plataforma horizontal sobre traviesas, de dimensiones predefinidas, utilizado interna-

Tipos de palés de madera

Palés de dos entradas para las horquillas

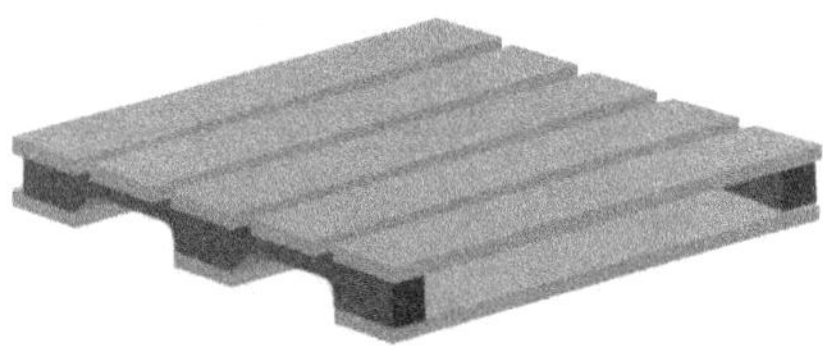

Palé de cuatro entradas para las horquillas,
de doble cara, no reversible

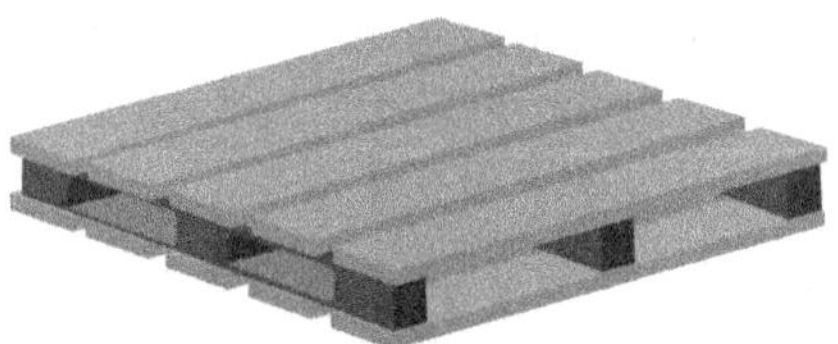

Palé de cuatro entradas para las horquillas,
de doble cara, reversible

Palé de dos entradas para las horquillas,
de cara única, no reversible

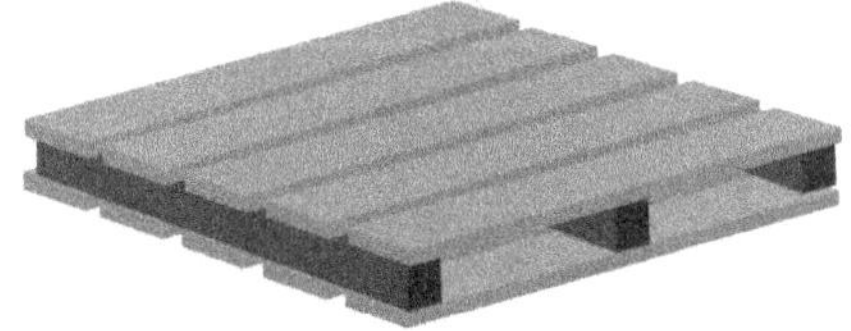

Palé de dos entradas para las horquillas,
de dos caras, reversible

Figura 2.1. Tipología básica de los palés de madera, de dos y cuatro entradas, reversibles y no reversibles.

cionalmente para el empaquetamiento, el almacenamiento y el manejo de cargas, y provisto de dispositivos de apoyo para la sujeción por las horquillas de suspensión de las carretillas elevadoras.

Los palés están construidos con materias tales como la madera, el plástico, algunos metales (aluminio o hierro, fundamentalmente) y el cartón. Los de madera poco resistente suelen ser de un solo uso, y, aunque más costosos, los de maderas duras tienen numerosas utilidades. Los de plástico, si bien son de mayor coste, poseen una mayor resistencia a los ataques químicos en caso de derrames y tienen una gran duración.

Cada exportador selecciona el modelo de palé que mejor se ajusta a las necesidades y naturaleza de sus mercancías, por el tipo, el tamaño y el peso, a fin de obtener una mayor eficiencia en el conjunto del transporte y los costes relacionados con el mismo.

Los tipos más frecuentes de palés que proporcionan el término de «carga paletizada» son los que se muestran en la figura 2.1.

2.1.1.1   Dimensiones de los palés

Los palés más utilizados son el europeo (CEN) estándar, de medidas 800 × 1.200 mm, y el palé ISO estándar, de 1.000 × 1.200 mm (véase la tabla 1.2).

2.1.2   Prelingados

Los prelingados, tienen como principio básico el palé que hace de soporte y la carga ligada a esta, como opción de evitar desplazamientos internos, robos y averías. El acondicionamiento de la carga sobre el palé puede completarse con cartón, madera o vinilo termorretráctil, con el fin de conseguir unidades de carga más seguras que, junto al uso de unidades mayores de manipulación, generan mayor productividad.

2.1.3   Tráileres

Pueden ser TIR o no y tienen una capacidad y características técnicas semejantes a las de los contenedores tipo ISO, usados en la combinación del transporte por carretera y ferrocarril.

3   Cargas sobre palés

Las mercancías, en general, las conservas, los medicamentos, los alimentos, los electrodomésticos, los juguetes, etc., acostumbran a estar encajadas en cartón, las cuales pueden apilarse en el interior del contenedor. Para estas mercancías es recomendable paletizar las cargas, con lo que se facilita la labor de llenado y vaciado.

La loza y la alfarería se pueden cargar directamente, colocadas entre viruta de madera, aunque para estos materiales y los sanitarios, es recomendable colocarlos en unidades de carga denominadas caja-palé, que permiten la manipulación en un tiempo menor.

Otras mercancías, como las bobinas de papel, los fardos, los rollos de alambre o el fleje se pueden cargar directamente sin protección alguna, pero es recomendable que vayan colocados sobre palés para simplificar su manipulación.

Los muebles y otros elementos de volumen similar se pueden apilar debidamente envueltos, procurando que las mercancías queden lo más entrelazadas posible para mayor seguridad en el sostenimiento de la estiba y evitar su desplazamiento.

Figura 2.2. Manipulación de palés dispuestos en estanterías en un almacén.

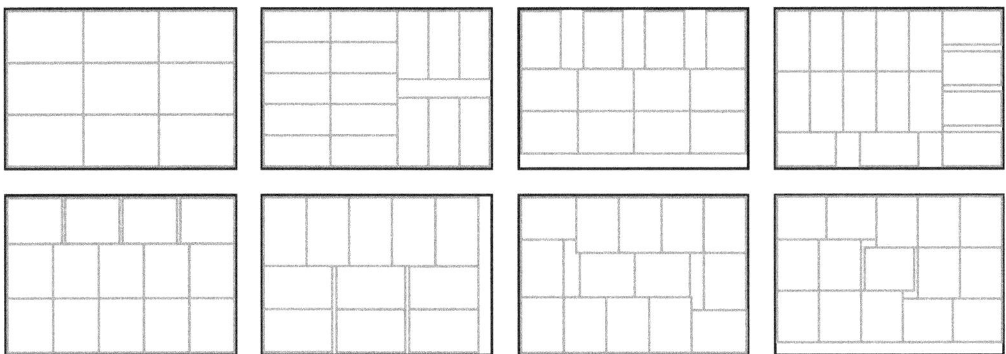

Figura 2.3. Opciones para la colocación de embalajes rectangulares
sobre palés normalizados (800 × 1.200 mm).

La maquinaria es preciso situarla sobre palés para que el peso quede repartido, evitando de esta manera que recaiga directamente sobre sus pies. Los palés servirán, a su vez, para fijar las cargas y evitar desplazamientos. Según la clase de maquinaria, convendrá protegerla, además, de las acciones corrosivas producidas por el salitre del mar y la humedad del ambiente, con la aplicación de materiales barrera y deshidratantes (véase el apartado 5.2, en el capítulo 7, Daños y averías). Las piezas sueltas, los recambios o las herramientas de la máquina se deben colocar dentro de cajas que se sujetarán para evitar que se desplacen.

En la figura 2.3 se representan algunas de las distribuciones más usuales para la colocación de embalajes rectangulares sobre un palé normalizado.

El mismo procedimiento debe aplicarse a los embalajes modulares cuando no tienen formas rectangulares y el reparto de bidones, tambores, botes, etc., no ocupa todo. En estas condiciones, la estiba tiene una mayor complejidad, por cuanto la manipulación y el transporte del palé puede provocar movimientos que desestabilicen una estiba inicialmente correcta.

Por ello es preciso calcular previamente la disposición que resulte más idónea para este tipo de transporte, ya que, de lo contrario, se incrementa el riesgo de roturas de los embalajes y la pérdida de sus contenidos, lo que comporta una posible contaminación a otras mercancías que se estiben en el mismo contenedor (véase la figura 2.4).

La mayoría de los contenedores tienen dispuestos en la parte superior e inferior de los paneles laterales varios cáncamos con el fin de poder trincar con seguridad las mercancías una vez estibadas (véase la figura 2.5).

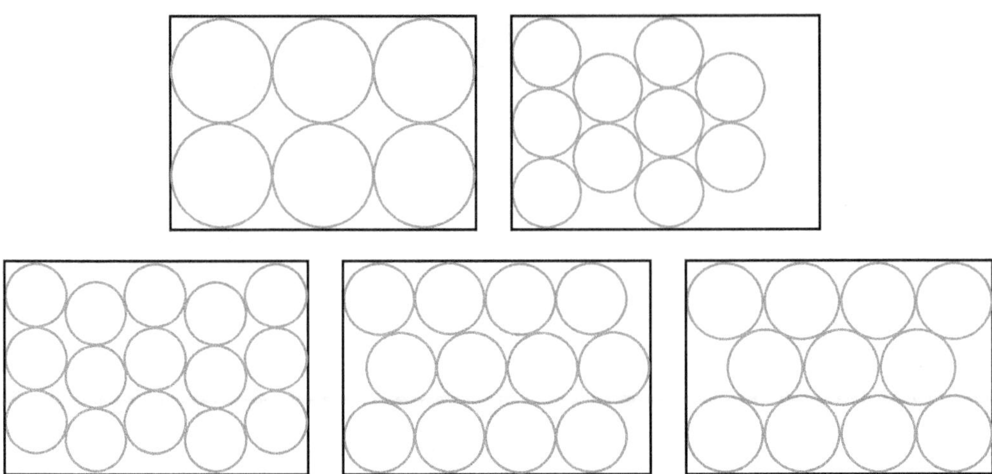

Figura 2.4. Opciones de colocación de embalajes redondos
sobre palés normalizados (800 × 1.200 mm).

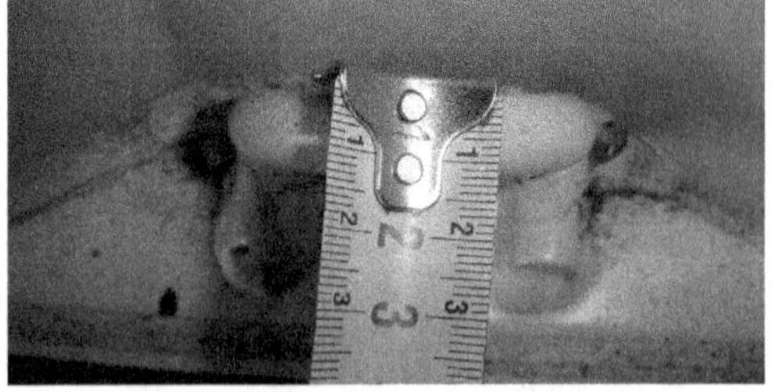

Figura 2.5. Puntos de trincaje (amarre [círculos] y anclaje [abajo]) de un contenedor estándar.

4 Uso del contenedor por parte del cliente o usuario

En las figuras 2.6 y 2.7 se muestran distintas opciones respecto a la utilización del contenedor por parte del cliente cuando este es aportado por una compañía naviera.

5 Modalidades de tráfico de contenedores

El transporte de contenedores puede darse con diversas modalidades de tráfico, dependiendo de las conveniencias y los acuerdos entre los agentes y los usuarios implicados en el transporte: importadores, expedidores, transportadores y exportadores.

5.1 *Puerta a puerta* (house to house – *H/H*)

El tráfico puerta a puerta es el más difundido y el que presenta más ventajas para el usuario. En este tipo de operación, la carga del contenedor es responsabilidad del expedidor. Este entrega el contenedor en sus propios almacenes (una vez cargado por su cuenta y riesgo) al porteador, quien lo transporta, también por su cuenta y riesgo, desde el almacén de origen al de destino, y lo entrega al receptor. Este último lleva a cabo la operación de desagrupar la carga del contenedor por su cuenta y riesgo.

Una vez se haya vaciado el contenedor, el importador lo devuelve al armador. Para ello dispone de un plazo de cinco días desde la retirada o descarga, descontándose este día más el día de la devolución, y completando un total de siete días. Pasado este plazo incurre en una tasa diaria de sobreestadía.

El alquiler del contenedor es pagado por el exportador. El transportador acostumbra a conceder un descuento del 10 % sobre el flete básico en la exportación y del 5 % en la importación cuando el flete pase del mínimo estipulado en la respectiva tarifa.

5.2 *Puerta a puerto* (house to pier – *H/P*)

En el tráfico puerta a puerto el exportador es responsable de la carga y estiba, en tanto el transportador lo es de la descarga y desestiba en el puerto de destino, así como de poner el contenedor a disposición del consignatario, sujeto al pago de la tasa en las mismas condiciones que las establecidas para la modalidad puerta a puerta.

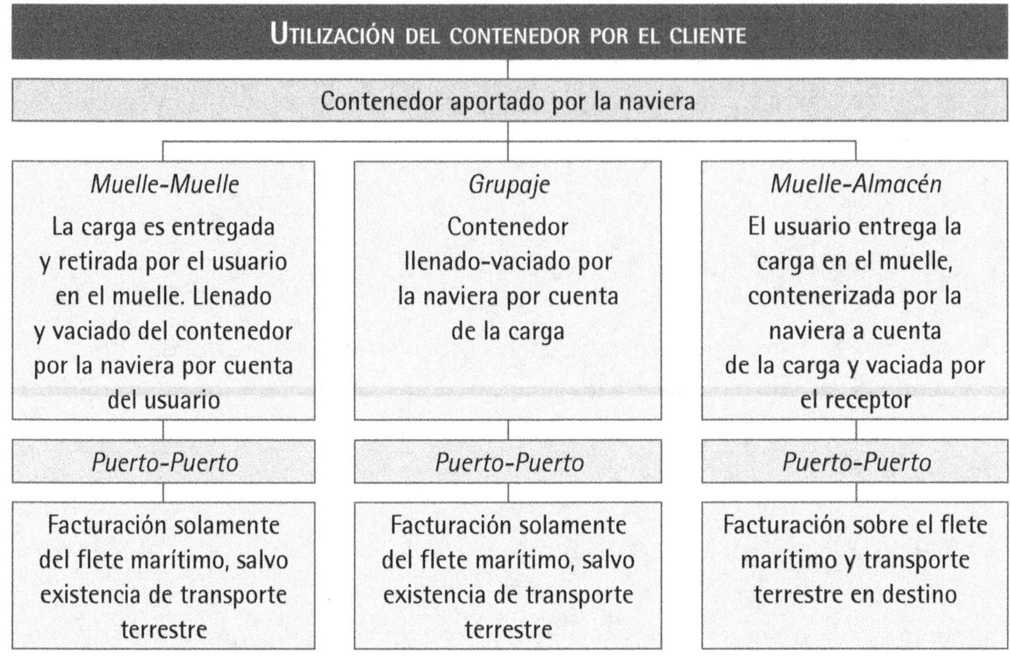

Figura 2.6. Opciones de uso del contenedor por el cliente cuando es aportado por una compañía naviera.

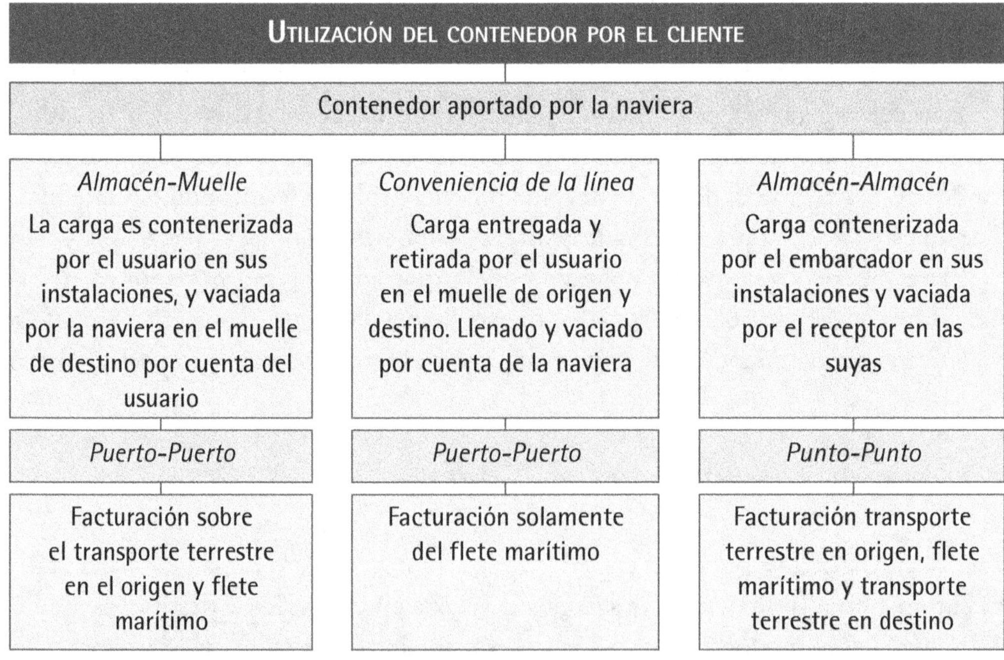

Figura 2.7. Opciones de uso del contenedor por el cliente cuando es aportado por una compañía naviera.

5.3   *Puerto a puerta* (pier to house – *P/H)*

En el tráfico puerto a puerta, la carga y estiba del contenedor es responsabilidad del transportador, mientras que la descarga y desestiba, del importador. Como en la modalidad anterior, está sujeta al pago de la tasa de sobreestadía.

5.4   *Puerto a puerto* (pier to pier – *P/P)*

En el tráfico puerto a puerto, el transportador recibe la mercancía y en la zona primaria del puerto de embarque hace la carga y estiba del contenedor. En el puerto de destino, el transportador también es responsable de la descarga, y coloca la mercancía a disposición del importador, en la zona primaria del puerto.

En la mayoría de los casos, este sistema es usado por conveniencia del armador, llamándose entonces *ship's convenience.* Generalmente sucede que el armador tiene varias cargas diferentes para embarcar y, por su propia conveniencia, coloca las mercancías en un contenedor y las embarca, siendo entonces responsable de todos los gastos resultantes del empleo del contenedor.

6   Elementos del transporte multimodal

El transporte multimodal tiene como objetivo la entrega final «puerta a puerta» de la mercancía, con la reducción al mínimo de los costes globales de transporte de carga general y de los tiempos totales de trayecto y entrega.

Sus objetivos se logran en la medida en que se utilizan embarques más livianos y menos costosos, por la menor posibilidad de robos, la disminución de averías y desvíos, por la reducción de los atrasos y las pérdidas y las correspondientes bonificaciones del seguro. También se reducen costes por el aumento de la productividad operacional por medio del uso de equipos eficientes en las operaciones de trasbordo, en las de carga y descarga, por el almacenamiento al aire libre de los contenedores y por la reducción de mano de obra empleada, así como con medidas simplificadoras de la documentación, o por la adopción de un documento único de transporte multimodal.

El transporte multimodal puede definirse como el movimiento de la carga general, desde el origen (productor) hasta el destino (consignatario final), con la utilización sucesiva de más de un modo de transporte (carretera, ferroviario, marítimo, fluvial o aéreo). Es internacional cuando atraviesa más de un Estado.

Su característica principal es que la mercancía no es directamente manipulada en las diversas transferencias o segmentos de la cadena de transporte. El contenedor es, en la actualidad, el más perfecto sistema para el movimiento de cargas en el transporte multimodal, aunque no sea el único.

A modo de resumen, sus aspectos más significativos son los siguientes:

- Se lleva a cabo mediante dos o más modos de transporte.
- Ante el propietario de la mercancía se ejecuta a través de un solo responsable: el operador de transporte multimodal (OTM).
- Está respaldado por un único contrato de transporte multimodal (CTM), entre el OTM y el propietario de la carga.
- Existe el conocimiento único (DTM), válido para el trayecto puerta a puerta.
- Unitización de las mercancías que se deben transportar en unidades de carga: palés, contenedores, semirremolques (tráficos en buques de manutención horizontal).
- Indivisibilidad e inviolabilidad de la unidad de carga.
- Mayor seguridad de la carga, rapidez operacional y productividad.
- Menores costes globales.
- Inspecciones fiscales, preferentemente, sólo en origen y destino.
- Carácter sistemático a través de la normalización y homogeneización de las unidades de carga, así como de los medios y equipos para su manejo, con el fin de facilitar la integración de los sistemas de transporte.

6.1   El operador de transporte multimodal (OTM)

Un «operador de transporte multimodal» (OTM)[6] es cualquier persona física o jurídica que concluye en un contrato de transporte multimodal (CTM), que actúa como principal, no como agente o intermediario del destinatario o de los transportistas de las operaciones de transporte multimodal, y que asume la responsabilidad de las condiciones del contrato.

El Convenio sobre Transporte Multimodal Internacional de Mercancías de la Conferencia de las Naciones Unidas sobre Comercio y Desarrollo (CNUCYD o UNCTAD, del inglés, United Nations Conference on Trade and Development),

---

[6] Definición de la Convención Internacional de Transporte Multimodal de Mercancías, art. item 2, Unctad, 24 de mayo de 1980.

aprobado en Ginebra el 24 de mayo de 1980, si bien aún no ha entrado en vigor por requerir la adhesión de treinta países, creó en el artículo 1, apartado 2, la figura del operador de transporte multimodal, tal como ha sido definida con anterioridad.

Cuando algún transitario u operador de cualquier modo de transporte asume ante el propietario de la carga la responsabilidad de transportar una carga de origen a destino está cumpliendo tareas de OTM.

Actualmente, las responsabilidades asumidas por las categorías de operador de transporte existentes son resultado de convenciones específicas para cada sistema de transporte. Relativas a todo un trayecto, restringidas a determinadas áreas geográficas o a los países firmantes de un acuerdo (por ejemplo, los del Convenio TIR).

Los compromisos actuales sobre quién asume ante el propietario de la carga la responsabilidad del transporte puerta a puerta, se basan en acuerdos comerciales avalados por la práctica y por asociaciones empresariales u organismos internacionales de reconocida idoneidad, aunque no gubernamentales, como la Cámara de Comercio Internacional (CCI), con sede en París, que consolidó el uso de las reglas Incoterms en el comercio internacional; la Fiata (International Federation of Freight Forwarders Associations, del francés Fédération Internationale des Associations de Transitaires et Assimilés) con sede en Zurich; la Bimco (Baltic International Maritime Commission) con sede en Copenhague; la ISO (International Organization for Standardization); la ICB (International Bureau of Container) con sede en París. Existen también convenios entre países relacionados con los modos de transporte, como el Convenio CIM, para transportes por ferrocarril, y el Convenio CIR, para transporte por carretera, ambos de ámbito europeo, además de otros relacionados con los servicios aduaneros, como el Convenio TIR (Customs Convention on the International Transport by Road), que facilita el tráfico aduanero, aunque bajo control, entre los países signatarios de Europa, Extremo Oriente y Oriente Medio.

Por ahora, las partes contratantes de un transporte internacional asumen compromisos entre sí, sin un convenio internacional con la garantía de los gobiernos de los países que son referentes en una operación, sea el de origen, el de destino o el de tránsito.

Adicionalmente, pueden aparecer factores que compliquen una situación, por ejemplo, cuando es difícil identificar en cuál de los segmentos de la cadena de transporte ocurrió una pérdida, un daño o una avería a la carga.

Cuando el citado convenio sobre transporte multimodal internacional entre en vigor, habrá una definición y un reconocimiento de la responsabilidad, los plazos, los servicios que deben ser prestados, los documentos que hay que emitir y toda una serie de compromisos resultantes del contrato de transporte con el vendedor o el comprador. Esto facilitará que el transportador o el OTM haga llegar la mercancía al destinatario en condiciones de aceptación, es decir, dando cumplimiento al contrato comercial de compraventa, y que el transporte de la carga, con la debida cobertura del seguro, permita la efectividad del pago por la carga recibida en perfectas condiciones.

En el convenio de la Unctad se prevé la obligatoriedad de que el transporte multi-modal se efectúe mediante dos o más modalidades diferentes, por medio de un contrato único de transporte y por un OTM, que asumirá legalmente el cumplimiento de dicho contrato ante el propietario de la carga, emitiendo los respectivos «documentos de transporte multimodal» (DTM) para cada unidad de carga, de manera que él será el responsable único de lo que pueda ocurrir durante todo el trayecto, de origen a destino, incluso cuando la carga sea transportada por otros transportadores.

Actualmente, las actividades de OTM son desarrolladas de modo competitivo por las empresas transportistas y las transitarias registradas en la Fiata. El propio OTM, en publicaciones de la Unctad es referido como de dos tipos: los operadores de buques (*vessel operator* o VO) y los no operadores de buques (*non vessel operator* o NVO).

6.2 El documento único de transporte

El transporte multimodal de cargas necesita un apoyo institucional que le otorgue un «documento único de transporte», necesario para el desplazamiento de cada unidad de carga y evidencia del contrato único de transporte, que sea válido durante todo el trayecto de puerta a puerta, lo que no excluye el derecho del transportador de cada modalidad a emitir también su propio conocimiento, correspondiente al tramo del trayecto que lleva a cabo.

Este contrato representa la responsabilidad asumida por un solo OTM ante el propietario de la carga, además de englobar la cobranza de flete único, el seguro único, los despachos aduaneros, las tasas y otros pagos y gastos que comprenden el transporte puerta a puerta. Volveremos a tratar el tema del documento de transporte multimodal (DTM) y sus versiones Multidoc, Fiata B/L, creados al amparo de las Reglas Unctad/ICC 1991, en el capítulo 7.

El transporte multimodal, a pesar de beneficiarse de las muchas virtudes de la conexión directa desde origen hasta destino, debe ser considerado tan fuerte como el más débil de los modos que lo configuran. De ahí la necesidad de conseguir la mejor estructura para cada modo de transporte y la integración física entre los mismos a través de terminales especializadas (para contenedores cuando esta sea la unidad de carga).

6.3 Factores condicionantes del transporte multimodal

Como hemos visto anteriormente, los factores que aseguran la eficacia del transporte multimodal son tres: la seguridad, la rapidez y el bajo coste final.

A su vez, la concurrencia de estos tres factores conduce a la deseada eficiencia operacional, condicionada por los siguientes aspectos:

- **Unitización de las cargas**
  - Palés.
  - Contenedores.
  - Preeslingadas.
  - Trincas.
  - Elementos para el tráfico en buques de carga rodada *(ro-ro)*.

- **Integración de los sistemas de transporte**
  - Interfases:
    - Instalaciones apropiadas.
    - Equipos especiales para efectuar las transferencias.

  - Terminales:
    - Instalaciones especiales.
    - Equipos de muelles, patios y de circulación para llevar a cabo las transferencias (embarque-desembarque), el apilamiento y la manipulación.

- **Estructuración de los sistemas de transporte**
  A su vez, respecto al transporte de contenedores, los sistemas de transporte se estructuran según se expresa en la tabla 2.2.

7 Arrendamiento del contenedor

Determinadas empresas de ámbito internacional tienen como actividad el alquiler de contenedores. Estas empresas fueron creadas para atender el desarrollo del uso del contenedor, que encontró a las compañías de navegación no suficientemente preparadas para soportar altas inversiones en equipos, y consideraron que para cada ruta serían necesarios tres contenedores: uno para cada extremo (puerto inicial y puerto final) y uno a bordo. Un buque de 1.200 TEU necesitaría 3.600 contenedores de

Modo de transporte	Vías	Medios
Marítimo	– Atracaderos especializados – Terminales para contenedores – Rampas *ro-ro*	
Carretera	– Túneles – Puentes	– Chasis portacontenedores – Semirremolques adaptados
Ferroviario	– Túneles – Puentes	– Vagones adaptados – Vagones especiales
Fluvial	– Condiciones de navegación	– Barcazas – Buques portacontenedores
Aéreo		– Adaptaciones en los aviones

Tabla 2.2. Estructuración modal del transporte de contenedores.

20 pies para atender las necesidades de sus clientes. Esto significaría dedicar unos recursos financieros elevadísimos que, sumados al coste del propio buque, harían difícil que aquella operación pudiera ser llevada a cabo por algunas navieras.

Las compañías de arrendamiento de contenedores ofrecen a sus usuarios las siguientes ventajas:

- La no movilización de recursos financieros y gerenciales para una actividad que puede exigir un elevado capital.
- Alternativas de contrato de servicio de alquiler, que ofrecen opciones al arrendatario con respecto a la forma de utilización del contenedor, así como al plazo de utilización del mismo.
- Infraestructura operativa a través de agentes de depósitos de contenedores, que ponen a disposición de los usuarios locales adecuados para alquilar y devolver contenedores, de acuerdo con la necesidad del flujo de carga.
- Una actuación reguladora en el mercado de contenedores, que promueve un mejor equilibrio del mismo por su capacidad de ajuste geográfico de las ofertas, de acuerdo con las necesidades y tendencias de los usuarios.

7.1 Contratos de alquiler de contenedores

Los tipos de contrato de arrendamiento de contenedores más utilizados son:

- ***Trip lease***
  También conocido como *short term lease,* que a su vez puede ser:

  – *One way*
    Es un contrato en el que el contenedor es alquilado para atender un único tramo. Es arrendado en el local de origen de la carga y entregado en el local de descarga o en otra parte donde existan agentes de la compañía de arrendamiento. Tiene una duración mínima de treinta días.

  – *Round trip*
    Es un contrato en el que el contenedor es arrendado en un puerto y devuelto en el mismo, después de completar un viaje de ida y vuelta. Tiene también una duración mínima de treinta días.

- ***Master lease agreement***
  Es el modelo de contrato más utilizado, en el que se pacta el arrendamiento de un número mínimo de contenedores, sin especificar su identificación, por un período de tiempo determinado, superior a un año.

- ***Long term agreement***
  Tipo de contrato de arrendamiento de un número concreto y con numeración de contenedores de largo plazo, en el que la duración generalmente varía de uno a cinco años, a cuyo vencimiento los contenedores son devueltos sin cobrar la tasa de devolución.

Cualquiera de los tres contratos debe contener las siguientes especificaciones:

- Precio del arrendamiento.
- Duración del contrato.
- Período mínimo del tiempo de arriendo *(master agreement)*.
- Coste de entrega y devolución de los contenedores.
- Condiciones de pago.
- Condiciones de intercambio de los contenedores con terceras partes *(direct interchange)*.
- Condiciones de devolución del equipo por fin de contrato.
- Condiciones para las inspecciones de los contenedores.
- Condiciones de mantenimiento.
- Valor depreciado y pérdida total.

7.2   Tasas de alquiler de contenedores

Se conoce como «tasa de alquiler del contenedor» el importe que se abona en relación con el alquiler y la manipulación de un contenedor. Las más usuales son las siguientes:

- **Tasa diaria** *(per diem)*
  Tasa que se abona por el arriendo del contenedor por un determinado período de días. Las compañías de arrendamiento, además del alquiler del contenedor, cobran tasas adicionales por diferentes conceptos que se establecen al formalizar el contrato.

- **Tasa de manipulación** *(handling charge)*
  Tasa por el movimiento del contenedor en el patio de la empresa de alquiler. Ese movimiento sólo comprende la operación de descarga o carga del contenedor vacío del vehículo que vino a retirarlo o a entregarlo. Esa tasa corresponde *out* en la retirada e *in* en la entrega del equipamiento.

- **Tasa de recepción** *(pick-up)*
  Tasa cobrada en el momento en que el arrendador recibe el contenedor. Es variable, según el puerto.

- **Tasa de devolución** *(drop off charge)*
  Tasa cobrada en el momento de la devolución del contenedor en la terminal de la compañía de alquiler. Es variable, según el puerto. Esta tasa tiene la finalidad de cubrir eventuales gastos con la redistribución y el mantenimiento de las existencias de contenedores disponibles en las terminales en las que cada compañía opera. Es generalmente alta cuando el contenedor es devuelto en áreas donde existe acumulación de contenedores.

Al inicio y al término del alquiler del contenedor es necesario inspeccionarlo para verificar sus condiciones y el estado de conservación. Estas inspecciones se llevan a cabo basándose en los procedimientos recomendados por el IICL (Institute of International Container Lessors), cuya finalidad es facilitar orientación técnica para la inspección y la reparación de los contenedores.

Las informaciones y orientaciones del IICL se difunden mediante manuales técnicos, revisados periódicamente tomando en cuenta las normas internacionales vigentes.

8 Consolidación de contenedores

Consolidar un contenedor es la operación de llenado del mismo para su posterior expedición. Si se precisa acondicionar en su interior diferentes mercancías, habitualmente se requiere disponer de personal técnico experto en estiba y tricaje de las cargas.

La consolidación se debe llevar a cabo mediante una rigurosa anotación de los elementos que se introducen en el contenedor, con sus marcas, especies, numeración, etc.; es decir, de todo cuanto permita conseguir una completa lista de carga *(packing list)*. destinada a verificar la correcta recepción de las mercancías en el lugar donde se efectúa la desconsolidación.

En el capítulo dedicado a las averías se ofrece un estudio detallado de las mismas, mientras que en este apartado se citan los principales cuidados que hay que observar en la consolidación del contenedor con el fin de prevenir posibles daños.

Dependiendo de las condiciones del transporte de carga, el llenado del contenedor podrá ser efectuado en cualquier lugar, fuera del puerto o de la zona portuaria, en las instalaciones de un operador especializado, o incluso en las propias instalaciones de la empresa cargadora.

8.1 *Revisión y preparación del contenedor*

Antes de proceder al llenado de un contenedor hay que efectuar una profunda revisión del mismo. Con el fin de asegurar su idoneidad, debe atenderse especialmente a las siguientes consideraciones:

- No deben existir puntos de entrada de agua, lo que se puede identificar por la entrada de luz estando el contenedor bajo la luz del sol con las puertas completamente cerradas, o por la aplicación de chorros de agua a presión.
- No deben haber abolladuras que comprometan la seguridad del contenedor o disminuyan la capacidad volumétrica del mismo.

- Se debe garantizar la seguridad de las puertas, especialmente de las cerraduras, bisagras y aldabas.
- No ha de existir desgaste por corrosión avanzada en ninguna parte del contenedor.
- Se debe vigilar la existencia de reparaciones inadecuadas o incompletas que puedan comprometer la seguridad del contenedor o de las mercancías.
- No deben haber en el interior del contenedor obstáculos de ningún tipo, tales como piezas del suelo sueltas o quebradas que puedan perjudicar la carga provocándole averías, accidentes al personal o que puedan comprometer la seguridad del contenedor.
- Debe llevarse a cabo una limpieza completa y rigurosa del interior del contenedor, removiendo los residuos, los olores y los restos de plagas u hongos resultantes de usos anteriores.

8.2   Características de las carretillas elevadoras

Las carretillas elevadoras que se utilicen para el llenado de contenedores deben tener el mástil de elevación a cero, debido a la limitación impuesta por la altura de la puerta del contenedor.

8.3   Distribución de la carga

El proceso de llenado de un contenedor debe efectuarse teniendo en cuenta las observaciones siguientes:

- El centro de gravedad longitudinal y transversal de la carga en el interior del contenedor debe situarse lo más próximo posible al centro de gravedad del mismo.
- Se debe verificar la capacidad de peso máximo del contenedor, estampada en la parte superior externa de la puerta derecha.
- Los volúmenes más livianos deben ser estibados sobre los más pesados.
- Las cargas de gran peso y poco volumen deben ser estibadas sobre tablones para aumentar la distribución de esfuerzos, por lo cual hay que conocer en toneladas por metro cuadrado la capacidad de resistencia estructural del suelo del contenedor.

Desde el punto de vista del tipo o la naturaleza de la mercancía, debe tomarse en consideración:

- **Carga homogénea**
  - Los sacos y fardos deben estibarse «cruzados»; es decir, una camada en sentido longitudinal y otra en sentido transversal.
  - Las unidades de carga o los recipientes tipo tambor se deben estibar de pie, con tablones de madera separando las pilas y con materiales acolchados para evitar el contacto entre el metal de los bordes del tambor con el suelo y las paredes del contenedor.

- **Carga heterogénea**
  - Los volúmenes pesados deben ser estibados sobre tablones de madera, con el fin de permitir el acceso de las uñas de la carretilla elevadora en la desconsolidación del contenedor y evitar averías.
  - Las cajas de madera, cuando sean colocadas junto a sacos o cartones, deben ser estibadas con la suficiente separación.

Figura 2.8. Operación de llenado de un contenedor utilizando una carretilla elevadora.

– Los productos que desprendan olores no deben ser colocados junto a aquellos que sean sensibles a la contaminación por olor.

– Las cargas secas no se deben estibar junto a las cargas que desprendan humedad. Cuando no exista riesgo de avería por humedad, la carga seca se debe colocar en la parte superior, conservando siempre una separación suficiente.

– Las mercancías que presenten protuberancias o un formato irregular (las que sean puntiagudas, por ejemplo), se deben estibar aisladas de las demás.

- **Carga peligrosa**
  – Los documentos de embarque deben contener el nombre del producto, la cantidad total, el peso y volumen, además de etiquetas identificativas y de información exigidas para el transporte de mercancías peligrosas, de acuerdo con el Código Internacional de Mercancías Peligrosas por Mar (IMDG) de la OMI.
  – El aislamiento de los productos peligrosos colocados en el interior de un mismo contenedor se establece en función de la incompatibilidad de las cargas peligrosas entre sí. Estas se estiban totalmente en el interior del contenedor, sin ningún saliente proyectado hacia fuera, especialmente cuando se utiliza un contenedor de techo abierto.
  – Los contenedores necesitan una marcación muy visible, con letras de por lo menos 100 mm (4 pulgadas) de altura, que indiquen la clasificación de las mercancías referidas.

- **Fijación de la carga en el interior del contenedor**
  – Se deben evitar espacios vacíos que puedan ser ocupados con el desplazamiento de la carga. En el caso de que existan esos espacios se deben llenar con calzos de madera, cartón ondulado, neumáticos viejos, bloques de poliestireno (plumavit) o elementos inflables para el acolchamiento de los volúmenes en el interior del contenedor, lo que, en términos generales a todos ellos, se conoce a bordo como «madera de estiba».
  – Los volúmenes de gran peso y los vehículos deben ser fijados con cintas y alambres de acero, cadenas, cintas de material sintético (generalmente nailon) o cabo «Hércules», a los ojales existentes en el interior del contenedor, utilizando también tensores (tecles), manillas y clips.
  – Las puertas de los contenedores no deben servir de apoyo para la carga, que podría caer con la abertura de las mismas.

– La resistencia de cada volumen debe ser suficiente para soportar la presión de la pila estibada sobre el mismo. En caso contrario, la ruptura de un volumen en la parte inferior de la pila podría desmoronar toda la estiba, causando mayores averías.

- **Humedad del aire dentro del contenedor**
  Con el objetivo de evitar la humedad del aire en el interior del contenedor, deben tomarse las siguientes precauciones:

  – Usar tablones de madera seca para la ventilación inferior, o sea, en el espacio que hay entre la carga y el suelo del contenedor.
  – Forrar internamente el contenedor con papel tipo kraft.
  – Emplear envoltorios de plástico debidamente sellados, sin humedad en su interior o con productos absorbentes del tipo «silica gel».
  – Pintar los volúmenes metálicos para evitar la corrosión.
  – En los contenedores ventilados, verificar que no estén obstruidas las aberturas de ventilación y que existan dispositivos que eviten la entrada de agua de mar o de lluvia.

- **Precinto del contenedor**
  Una vez concluida la operación de carga, el contenedor debe ser precintado para evitar manipulaciones no autorizadas mediante precintos de seguridad y también se debe colocar en los lugares apropiados los sellos, los rótulos y las etiquetas relativas a la carga peligrosa que pueda albergar el contenedor, cuando sea el caso.

8.4 Procedimientos de estiba del contenedor

Los palés o bultos con dimensiones regulares y normalizadas deben estibarse de manera que se produzca un eficaz aprovechamiento del espacio, con el mínimo de pérdidas de estiba y la mejor relación carga/flete. En la figura 2.9 se muestran tres modelos de estiba, vistos desde la parte superior:

– En el procedimiento «X», todos los bultos (palés, cajas, etc.) se estiban de frente, con su lado largo paralelo al largo del contenedor.

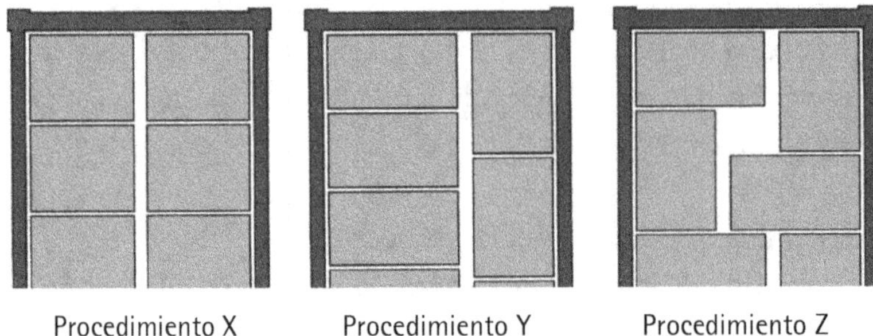

Figura 2.9. Diferentes procedimientos de estiba de contenedores.

- En el procedimiento «Y» los bultos se estiban unos de frente, con su lado largo paralelo al largo del contenedor, mientras que otros se estiban de costado, con su lado largo perpendicular al ancho del contenedor.
- En el procedimiento «Z» los bultos alternan secuencialmente el orden de «Y», es decir, primero con su lado largo paralelo al largo del contenedor, mientras que otros se estiban de costado, con su lado largo perpendicular al ancho del contenedor, y viceversa.

8.5 *Rendimiento de carga de palés en el contenedor*

Existen distintos programas informáticos que facilitan el cálculo y proporcionan resultados eficaces en cuanto a la forma de ordenar la estiba en un contenedor, de manera que se pueda aprovechar al máximo su capacidad y, por tanto, incrementar la eficiencia del transporte. En la tabla 2.3 se muestran planos de carga con diferentes soluciones de estiba de palés para contenedores de distintas dimensiones.

Como se observa en la tabla 2.4, las dimensiones de los palés disponibles y la orientación en la que se coloquen facilitarán, en mayor o menor medida, el aprovechamiento del espacio de carga.

Considerando las dos dimensiones del palé, un lado «l» y el otro lado «l'», podrá colocarse orientado en el interior del contenedor respecto a las dimensiones de este, largo «L» y ancho «A», con lo que se obtendrían las siguientes posibilidades:

- Orientación 1: l/L – l'/A
- Orientación 2: l/A – l'/L

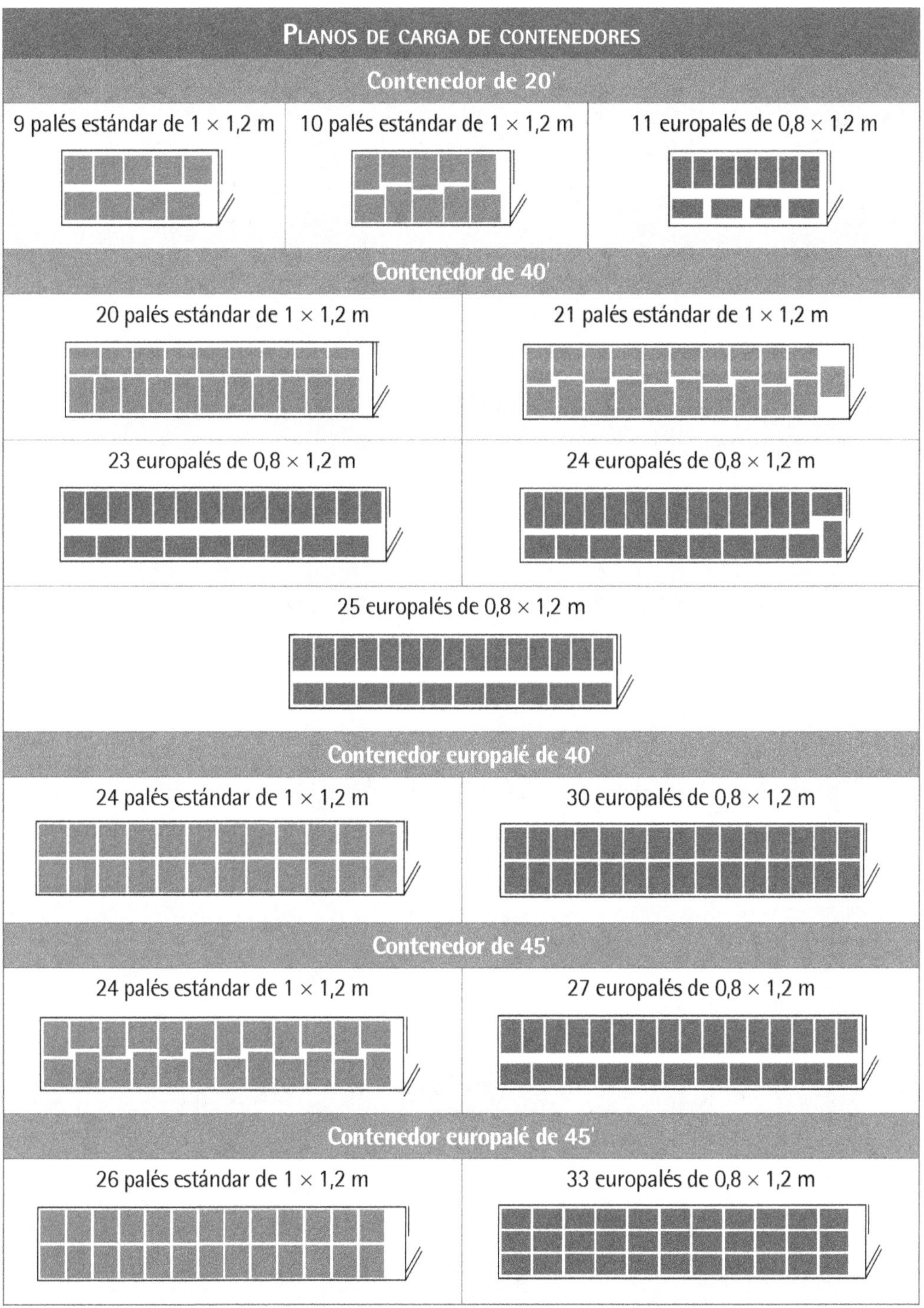

Tabla 2.3. Ejemplos de planos de estiba de contenedor para palés estándar y europalés.

CASO PRÁCTICO: ESTIBA DE UN CONTENEDOR

El peso de la carga y su volumen condicionan el tamaño y el número de contenedores necesarios para un embarque. El caso supuesto es:

Una empresa importadora compra 1.500 cajas de un producto. El peso de cada caja es 10,5 kg y sus medidas son 1,5' × 1' × 1', lo que significa un volumen de 1,5 pies cúbicos o 0,04248 m³. La mercancía exige que las cajas se estiben en posición vertical (señalizada por la flecha en dirección hacia arriba). El peso total de la carga es de 15.750 kg y el total del volumen es de 2.350 pies cúbicos o 63,713 m³.

Teniendo en cuenta que la capacidad del contenedor de 20' es de 1.170 pies cúbicos o 33,131 m³, y la de uno de 40' es de 2.385 pies cúbicos o 67,535 m³, todo hace pensar que las 1.500 cajas podrán estibarse en dos contenedores de 20' o en uno de 40', pero debe considerarse la pérdida de estiba por espacio vacío entre las cajas.

Contenedor 20' × 8,5' (estándar)	Procedimiento (X)	Procedimiento (Y)	
A lo largo, filas	12	19	
A lo ancho, filas	7	5	
En altura, capas	7	7	
Total cajas	588	665	
Total volumen utilizado (pies)	882	997,5	

Contenedor 20' × 8,5' (estándar)	Procedimiento (ZX)	Procedimiento (ZY)	Procedimiento Z = ZX + ZY
A lo largo, filas	12	19	
A lo ancho, filas	3	3	
En altura, capas	7	7	
Total cajas	252	339	651
Total volumen utilizado (pies)			976,5

Contenedor 40' × 8,5' (estándar)	Procedimiento (X)	Procedimiento (Y)	
A lo largo, filas	26	39	
A lo ancho, filas	7	5	
En altura, capas	7	7	
Total cajas	1.274	1.365	
Total volumen utilizado (pies)	1.911	2.047,5	

Contenedor 40' × 8,5' (estándar)	Procedimiento (ZX)	Procedimiento (ZY)	Procedimiento Z = ZX + ZY
A lo largo, filas	26	39	
A lo ancho, filas	3	3	
En altura, capas	7	7	
Total cajas	546	819	1.365
Total volumen utilizado (pies)			2.047,5
Contenedor 40' × 9,5' (Contenedor de gran cubicación)	**Procedimiento (X)**	**Procedimiento (Y)**	
A lo largo, filas	26	39	
A lo ancho, filas	7	5	
En altura, capas	8	8	
Total cajas	1.456	1.560	
Total volumen utilizado (pies)	2.184	2.340	
Contenedor 40' × 9,5' (Contenedor de gran cubicación)	**Procedimiento (ZX)**	**Procedimiento (ZY)**	**Procedimiento Z = ZX + ZY**
A lo largo, filas	26	39	
A lo ancho, filas	3	3	
En altura, capas	8	8	
Total cajas	624	936	1.560
Total volumen utilizado (pies)			2.340

Tabla 2.4. Cálculo de diferentes procedimientos de estiba.

Con el análisis de las seis alternativas de la tabla 2.4, se obtiene la conclusión de que dos contenedores de 20' no permitirían la carga de las 1.500 cajas, ni por volumen ni por el número de cajas de estiba. En el caso de utilizar un contenedor de 40', sería posible por el volumen empleado pero no para estibar el total de cajas del cargamento completo. Sólo el contenedor de 9,5' de altura, el denominado «contenedor de gran cubicación», admitiría la estiba de todas las cajas, cualquiera que fuera la disposición o el procedimiento aplicado.

Con ello, teniendo en cuenta las dimensiones internas de los contenedores de 20' (232" × 92") y de 40' (473" × 92"), y partiendo de una altura para cada palé de 60", el rendimiento según las dimensiones de los palés más utilizados sería el que se refleja en la tabla 2.5 (2), junto a los tipos que no tendrían aplicación práctica (NA).

1. Número total de palés para un contenedor de 20'					
Método estiba (fig. 2.1)		X	X	Y	Z	Porcentaje de suelo útil
Orientación del palé		1	2	1 + 2	1 + 2	
Lado l	Lado l'					
45"	53"	5	8	NA	NA	83,39
45"	45"	10	10	NA	NA	94,87
44"	52"	5	8	NA	NA	85,76
44"	44"	10	10	NA	NA	90,70
41"	49"	5	8	9	10	94,12
40"	48"	5	8	9	10	89,96
40"	40"	10	10	NA	NA	74,96
36"	45"	12	10	11	10	91,08
36"	36"	12	12	NA	NA	72,86
35"	44"	12	10	11	10	86,58
34"	45"	12	10	11	10	86,02
33"	44"	14	10	12	12	95,24

2. Número total de palés para un contenedor de 40'					
Método estiba (fig. 2.1)		X	X	Y	Z	Porcentaje de suelo útil
Orientación del palé		1	2	1 + 2	1 + 2	
Lado l	Lado l'					
45"	53"	10	16	NA	NA	87,69
45"	45"	20	20	NA	NA	93,07
44"	52"	10	18	NA	NA	94,64
44"	44"	20	20	NA	NA	88,98
41"	49"	11	18	20	20	92,33
40"	48"	11	18	20	20	88,24
40"	40"	22	22	NA	NA	80,89
36"	45"	26	20	23	22	96,79
36"	36"	26	26	NA	NA	77,43
35"	44"	26	20	23	20	92,01
34"	45"	26	20	23	22	91,41
33"	44"	28	20	24	24	93,43

Tabla 2.5. Rendimiento de la estiba de contenedores según las dimensiones de los palés.

8.6   Rendimiento de carga de otros bultos (cajas, balas, etc.)

En estos casos, utilizando un procedimiento parecido al anterior, las orientaciones que puede adquirir el bulto en sus tres dimensiones deben relacionarse con las correspondientes del contenedor, lo que significará considerar dieciocho posibilidades de estiba, según se relacionan en la tabla 2.6, en las que las letras A, B y C corresponden a las dimensiones de largo, ancho y alto del bulto, y las letras X, Y y Z a las homólogas del contenedor.

Si tomamos parte del ejemplo antes resuelto, asumiendo que las dimensiones de los bultos son A = 18", B = 12" y C = 12", y que pueden estibarse en cualquier posición sin que las mercancías sufran ningún daño, utilizando un contenedor de 40' × 8,5' (estándar) de medidas interiores X = 473", Y = 92" y Z = 94", se obtendrán las posibilidades de estiba que se presentan en la tabla 2.7.

De esta tabla se desprende que los procedimientos que van del 3 al 6 son los más eficaces para la estiba máxima en un contenedor de 40'. En la práctica, las orientaciones 1 y 4 y su respectiva combinación son las más utilizadas.

Por otro lado, considerando la carga de bultos en los palés, existe una estrecha vinculación entre la manipulación de palés consolidados que presenten una forma estable y compacta con la imposibilidad de caída de parte de sus bultos. Una manera adecuada de colocar los bultos en los palés es la que se muestra en la figura 2.10, entendiendo que la unidad mejorará sustancialmente cuando además el palé esté envuelto con capas protectoras de plástico retráctil.

Posibilidad	Orientación de los bultos		
1	A-X	B-Y	C-Z
2	A-X	B-Z	C-Y
3	A-Z	B-Y	C-X
4	A-Y	B-X	C-Z
5	A-Z	B-X	C-Y
6	A-Y	B-Z	C-X

Tabla 2.6. **Posibilidades de estiba de bultos en un contenedor.**

Posibilidad de orientación	Bultos por combinación	Total de bultos
1	X-A = 26 Y-B = 7 Z-C = 7	26 × 7 × 7 = 1.274
2	X-A = 26 Z-B = 7 Y-C = 7	26 × 7 × 7 = 1.274
3	Z-A = 5 Y-B = 7 X-C = 39	5 × 7 × 39 = 1.365
4	Y-A = 5 X-B = 39 Z-C = 7	5 × 7 × 39 = 1.365
5	Z-A = 5 X-B = 39 Y-C = 7	5 × 7 × 39 = 1.365
6	Y-A = 5 Z-B = 7 X-C = 39	5 × 7 × 39 = 1.365

Tabla 2.7. Rendimiento de la estiba de contenedores mediante bultos.

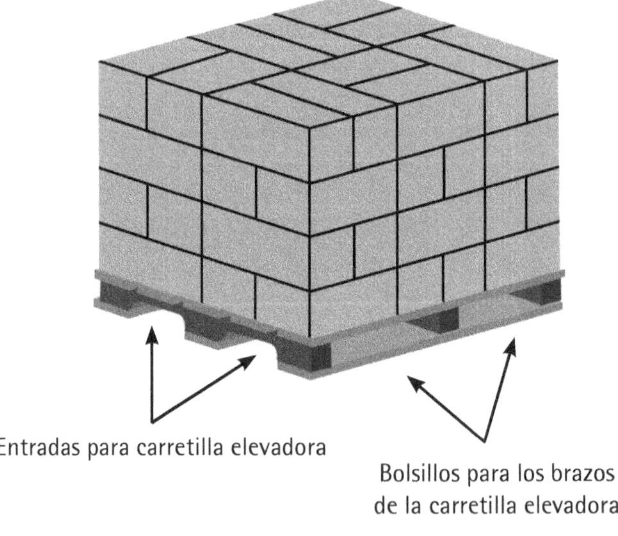

Figura 2.10. Modo de colocar los bultos sobre un palé.

9   Procedimiento de inspección

En la recepción de mercancías, en especial las transportadas de forma unitizada y contenerizada, tanto por parte del comprador como de los inspectores de aduana, se lleva a cabo una toma de muestras aleatorias que establecen el nivel de calidad aceptable de la totalidad de la expedición.

Para ello se dispone de procedimientos que permiten conocer con suficiente fiabilidad si el cargamento puede ser aceptado o rechazado, en todo o en parte, si el nivel de calidad no cumpliese con los requisitos del contrato de compraventa. De existir rechazo, ello puede representar una significativa demora en el embarque o desembarque, e incluso la cancelación del contrato.

En las operaciones de exportación, el rechazo afecta normalmente a la totalidad de la partida. A menudo, el vendedor tiene la posibilidad de separar lo aceptable de lo rechazable, rehacer y subsanar lo rechazado, y volver a someterlo a la inspección de calidad.

En caso de rechazo, el buque también puede efectuar una inspección completa de la partida, separar lo aceptable de lo rechazado, embarcar lo primero y retornar lo segundo. En la práctica, este proceso puede no ser posible debido a las restricciones impuestas en la carta de crédito, en especial cuando el embarque parcial está expresamente prohibido o se determinan las cantidades en el número mínimo de unidades que componen el cargamento o partida.

En el procedimiento para conocer las verdaderas características de una partida compuesta por un grupo de unidades, el muestreo es aleatorio a menos que se requiera el 100 % de inspección. En un conjunto de unidades estibadas uniformemente, el inspector puede seguir un muestreo aleatorio basado en la determinación

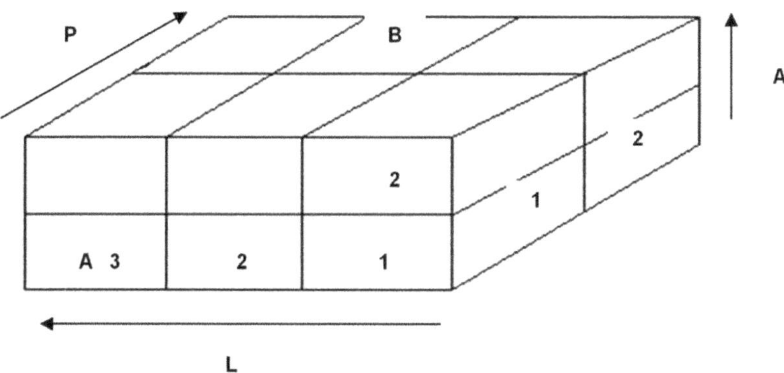

Figura 2.11.

del bulto en las dimensiones de largo «L», alto «A» y profundo «P» que esté dicho elemento respecto al conjunto en el que se encuentra integrado.

En la figura 2.11, el bulto A es identificado por 1-3-1, mientras que el bulto B se localiza por 2-2-2.

Cuando se trata de una partida que llena plenamente el contenedor, la inspección de las mercancías se lleva a cabo antes de la carga y no después, a fin de tener accesibilidad en la selección aleatoria a diversas partes de la partida.

10   El seguro y sus coberturas

Determinados riesgos del transporte han ido incorporándose al sector del seguro a medida que las circunstancias, a menudo procedentes de accidentes del transporte intermodal, han ido sucediéndose y ocupando un espacio de especial interés en el comercio internacional.

La tabla 2.8 resume las coberturas más usuales que ofrecen las empresas aseguradoras. La columna 1 refleja las coberturas que abarcan la casi totalidad de riesgos, la columna 2, las coberturas que significan o proceden de averías, y la columna 3, las que están libres de avería particular. Puede decirse que las pérdidas o los daños asegurados son los determinados en la columna 1, y son razonablemente admitidos los de las columnas 2 y 3.

El término endoso usado en las cláusulas de ampliación del seguro hace referencia a las modificaciones de la póliza para tener previstos riesgos no incluidos en la póliza básica, añadiendo cláusulas apropiadas y pagando una prima adicional. El

Qué son las reglas Incoterms

Las reglas Incoterms expresan las obligaciones y los derechos que aceptan las partes compradora y vendedora en cuanto a las distintas fases del proceso de transporte elegido y las condiciones acordadas para la entrega de las mercancías. El punto de entrega varía y puede ir desde el propio domicilio de la empresa expedidora (reglas EXW o FCA, por ejemplo) hasta el destino final que determine la cliente (regla DDP).

RIESGOS CUBIERTOS Y EXCLUIDOS	1	2	3
Fuego y explosión	S	S	S
Varada, hundimiento y vuelco	S	S	S
Vuelco o descarrilamiento terrestre	S	S	S
Descarga en puerto de embargo	S	S	S
Terremoto, rayo o erupción volcánica	S	S	N
Daños intencionados	S	N	N
Robos	S	N	N
Demoras	N	N	N
Vicio o naturaleza inherente a la carga	N	N	N
Extravío intencionado de los asegurados	N	N	N
Sacrificio en avería general	S	S	S
Embargo	S	S	S
Echazón	S	S	N
Mojaduras	S	S	N
Pérdida total por caídas en carga y descarga	S	S	N
Piratería	S	N	N
Guerra	N	N	N
Huelgas y alborotos civiles	N	N	N
Armas atómicas o nucleares	N	N	N
Pérdidas ordinarias de peso y volumen	N	N	N
Insuficiente o inadecuado embalaje	N	N	N
Aseguramiento privado por innavegabilidad	N	N	N
Insolvencia o fallo financiero del propietario u operador del buque	N	N	N

Tabla 2.8. Coberturas más usuales en las pólizas de las empresas aseguradoras.

endoso usual es un impreso anexado a la póliza, si bien algunas tienen espacios en blanco en los que se pueden añadir directamente por escrito.

La empresa exportadora debe consultar con la compañía aseguradora o sus agentes cualquier endoso que pueda necesitar un mercado o un transporte en particular. La cantidad cubierta por el seguro, salvo que previamente se haya estipulado otra cosa en la carta de crédito, será la indicada por el precio que se estipularía de acuerdo con la regla Incoterms CIF (coste, seguro, flete) más el 10 %. Si dicho valor no está determinado, la cantidad cubierta por el seguro será el 110 % de la indicada en la letra de crédito para el pago, la aceptación o la negociación, o el 110 % de la cantidad total del envío; la cantidad que sea mayor. El seguro cubre un 10 % más que el CIF, como un seguro por la pérdida del esperado beneficio de la operación comercial.

En contratos suscritos utilizando la regla Incoterms FOB (franco a bordo) o la CFR (coste y flete), el interés asegurable pasa de la empresa exportadora a la importadora en el momento en que las mercancías estén situadas a bordo del buque. Por ello, es importante que la exportadora proporcione los detalles del embarque a la importadora con la máxima diligencia, a fin de que el seguro pueda estar formalizado a tiempo. En la práctica, es frecuente que la importadora disponga el seguro después de que el buque salga del puerto de origen cuando el contrato es FOB y CFR. Mientras la responsabilidad de la importadora es proveerse del seguro, la exportadora puede sufrir pérdidas si la mercancía es dañada antes de transferir el seguro. En tales casos, esta debe asegurar las mercancías desde el almacenaje hasta la carga a bordo del buque para evitar imprevistos, sin que se deba informar de ello a la importadora.

Si las mercancías se exportan sin mediar carta de crédito, existe el riesgo de que el importador pueda rechazar el embarque si estas están dañadas a la llegada. Para evitar este problema, el exportador puede asegurar las mercancías de almacén a almacén, si bien, en el caso de que el importador también las haya asegurado y reclame daños, el exportador no podrá reclamar daños más allá de su interés asegurado y no estará en condiciones de justificar documentalmente los documentos usados por el importador para sustentar las pérdidas.

10.1 *La prima del seguro*

Una guía generalmente aceptada para determinar la prima del seguro es el 1 % de la cantidad asegurada, si bien puede variar entre un 0,5 y un 2,5 % ante factores tales como:

– Tipología de las mercancías. Incremento en las que son más susceptibles de sufrir daño.
– País y distancia de destino. Incremento en países con una historia de conflictos, o también cuanto mayor es la distancia hasta la entrega, ya que aumenta la posibilidad del riesgo.
– Valor de las mercancías.
– Modo de transporte. El transporte por mar, en términos generales, tiene una prima más elevada que el efectuado por tierra, mientras que en el transporte aéreo puede ser menor.
– Tipo de riesgos cubiertos. Según las columnas de riesgo de la tabla 2.8, de la 1 a la 3, de mayor a menor prima. Cualquier añadido de cláusulas puede incrementar la prima.
– Contenedor o en carga general de bodega. El primero con menor prima que el segundo.
– Tipo de envase, embalaje. Cuanto mejor protegido está el producto tiende a tener una menor prima de seguro y viceversa, siempre considerando que el embalaje insuficiente o inapropiado está excluido del seguro.

10.2 Reclamaciones por daños

Con el modelo CIF es usual que cualquier reclamación sea pagada en el puerto de destino al destinatario o al banco de aquél. Sin embargo, cuando la pérdida ocurre antes de pasar la propiedad de las mercancías al destinatario, entonces es abonado en el puerto de origen al embarcador o a su agente comercial.

El asegurado está obligado en la póliza a llevar a cabo cualquier acción para minimizar las pérdidas o los daños, reclamando contra los transportistas o cualquier parte que haya contribuido a las consecuencias, e informando inmediatamente al destinatario. El asegurador nombra un comisario de averías para que realice un peritaje del objeto asegurado y emita un informe de las causas, el valor y la extensión del daño.

En una reclamación, el demandante está obligado, en todo o en parte, a proporcionar los siguientes documentos:

– Original de la póliza del seguro o certificado.
– Original del conocimiento de embarque u otro documento utilizado en el transporte.

- Factura proforma o comercial de las mercancías afectadas.
- Relación de bultos, paquetes, etc.
- Certificado de los daños evaluados por el comisario de averías.
- Anotaciones en las manipulaciones o en el peso en destino.
- Cualquier comunicación que se haya establecido con los responsables del daño o de la pérdida.
- Protesta del capitán.

Cuando el asegurado ha cobrado totalmente la reclamación, suele subrogar en el asegurador los derechos de la carga dañada o perdida. Es entonces cuando este puede adoptar acciones contra el transportista o cualquier otra parte que sea responsable del daño o de la pérdida.

Capítulo 3
El contenedor en el puerto

1 El servicio regular de contenedores

Los servicios regulares de contenedores requieren unas condiciones mínimas que permitan a la compañía naviera y al puerto ofrecer un servicio con unos parámetros estandarizados:

- Debe existir una relación comercial estable entre dos o más economías nacionales industrializadas.
- El movimiento de mercancías debe ser regular y, si es posible, en cantidades similares en ambas direcciones para un aprovechamiento óptimo del sistema especializado de contenedores, a bordo de buques dedicados a este fin.
- Debe existir un sistema de transporte terrestre desarrollado con facilidad de acceso a los puertos de origen y destino, y desde estos al expedidor y receptor del contenedor.

2 Diseño funcional de las terminales

Para conseguir los objetivos de eficiencia perseguidos en la operativa de cualquier terminal especializada, deben elaborarse estudios preliminares para determinar todos los aspectos operativos y de gestión, a fin de que el funcionamiento final sea

Figura 3.1. Terminal de contenedores DP World en el puerto de Tarragona.

exitoso y tenga una duración suficiente para hacer rentable la instalación, además de que pueda seguir proyectándose con el paso del tiempo. En la tabla 3.1, se reúnen los principales aspectos que hay que considerar.

Finalmente, el conjunto de infraestructuras específicas para configurar una terminal especializada de contenedores se muestra en la figura 3.2, donde se observa que

Datos requeridos	Resultados obtenibles
• Naturaleza de la terminal	• Configuración geométrica
• Distancia a los centros generadores	• Distribución de superficies
• Características de la flota (eslora media)	• Tiempos de estancia de buques
• Equipos terrestres para carga y descarga	• Costes de estancias del buque
• Viabilidad de las ampliaciones	• Número de atraques
• Volúmenes de tráfico anual	• Almacenamiento para cada atraque
• Almacenamiento	• Número de cuadrillas por buque
• Intermodalidad	• Utilización efectiva
• Impacto ambiental	

Tabla 3.1. Aspectos que hay que considerar en la planificación de una terminal portuaria especializada.

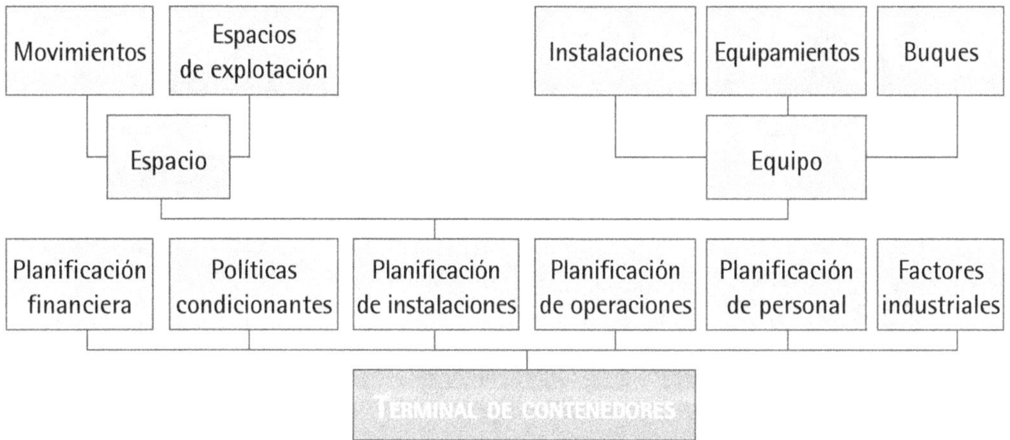

Figura 3.2. Elementos que configuran una terminal portuaria especializada en contenedores.

todos los elementos que la integran pretenden alcanzar la idoneidad de la terminal, constituyendo cada uno de ellos un departamento de gestión de obligada integración.

3 Terminal de trasbordo rodado

Es interesante hacer referencia a las terminales especializadas de trasbordo rodado, más conocidas por el tipo de buques de manutención horizontal que recibe, los *roll-on/roll-off* o *ro-ro*.

Se trata de buques de una gran eficacia en el transporte marítimo de corta distancia, en los que las cargas rodadas, muchas de las cuales utilizan las cabezas tractoras de los camiones y sus remolques, viajan para seguir posteriormente las rutas de carretera o ferrocarril hasta su destino. Mediante este transporte se evita todo tipo de manipulaciones y se alcanza una extraordinaria rapidez en las operaciones de embarque y desembarque de las unidades.

Cuando los conductores no embarcan en el buque, generalmente quedan a bordo sólo las plataformas, para que en destino sean otras tractoras y otros chóferes quienes se hagan cargo de las unidades. Con ello se favorece que los conductores que manejan la carga sean los que conocen el país y que los costes sean más bajos al evitarse los sueldos de los chóferes de origen y el alquiler de las cabezas tractoras durante un mayor número de días.

En la figura 3.3 se resumen algunas de las ventajas de este tipo de transporte.

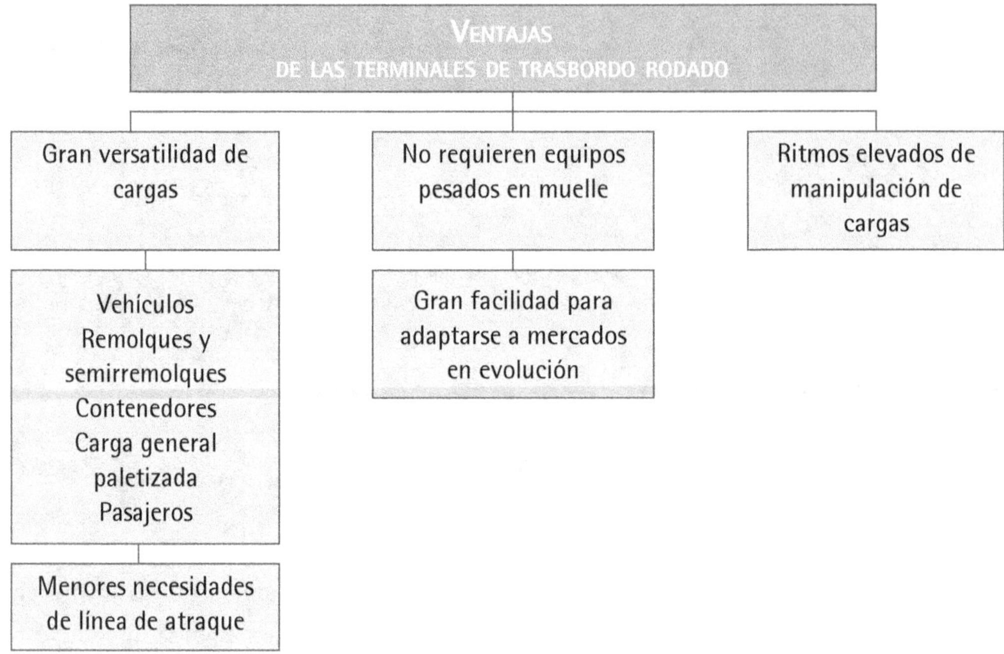

Figura 3.3. Ventajas de las terminales portuarias especializadas en trasbordo rodado.

4 Equipos para el movimiento interior

El equipamiento de la terminal para el movimiento y trasiego de contenedores está formado por unidades con aplicaciones distintas, según el dimensionado de la propia explanada, las necesidades y los servicios establecidos en la terminal: especialización, frecuencia y densidad de las operaciones, etc.

En cualquier caso, el equipamiento debe garantizar la operatividad de la terminal en sus más elevadas cotas de funcionalidad, para lo que se deben haber establecido los procedimientos y controles de calidad adecuados, así como la idónea cualificación del personal sobre la base de programas formativos que incluyan el uso de simuladores con todos los equipos disponibles en la terminal.

5 Manipulación del contenedor en tierra

El proceso que habitualmente sigue un contenedor en tierra con los medios utilizados en la carga, descarga y manipulación es el que se describe en los apartados siguientes.

5.1   Accesorios de elevación

Cada vez son más los clientes que solicitan a la terminal la manipulación de contenedores sobredimensionados o OOG *(out of gage)*. Esto es, contenedores que por el tamaño de la mercancía que transportan no pueden ser manipulados normalmente utilizando el bastidor de las carretillas de tierra o con el de las grúas pórtico.

Hay varios tipos de contenedor sobredimensionado según el lugar por donde sobresalga la mercancía y cada uno de ellos exigirá una manipulación diferente acorde a las características del contenedor.

Por orden de frecuencia de manipulación, existen contenedores donde la carga sobresale por la parte superior *(over height)*, contenedores en los que la carga sobresale por los laterales *(over width)* y contenedores en los que lo hace por la parte delantera y trasera *(over length)*. También es habitual la manipulación de unidades con más de una sobremedida de las anteriormente citadas.

Figura 3.4. Grúa pórtico de tierra montada sobre raíles.

La manera más habitual de manipular este tipo de contenedor es mediante dos dispositivos distintos:

- **Araña** *(over height frame* o **OHF)**
  Como su propio nombre indica se trata de un dispositivo que salva la distancia entre el bastidor de anclaje de la grúa o la carretilla y el contenedor. Se utiliza en contenedores que sobresalen por la parte superior, independientemente de si la unidad también tiene sobremedida por los laterales o por la parte frontal o trasera del contenedor. Este dispositivo, según su diseño, puede manipular unidades que sobresalgan hasta una altura máxima de 2 m y un peso de hasta 40 t. Para alturas o pesos superiores es necesario el uso de eslingas.

  De cara a la optimización de la operativa se trata de un medio que supera en agilidad y seguridad a las eslingas. Por este motivo, siempre que es posible se prioriza su uso frente al de las eslingas.

- **Eslingas**
  Las eslingas utilizadas en este tipo de manipulación son cables de acero. Un cable de acero es un conjunto trenzado de alambres de acero que forman un cuerpo único como elemento de trabajo.

  Existen varios y diferentes tipos de eslingas según el izado que se deba realizar. Es importante conocer previamente el peso y la sobremedida del contenedor, así como la posición final de estiba a bordo del buque. La posición de estiba debe estar en un lugar accesible en la bodega o, en la cubierta, en una altura no superior a la segunda.

  Cada eslinga va unida al bastidor de anclaje por un grillete con una carga de rotura igual o superior al de la eslinga. Por el extremo libre que va a enganchar el contenedor se utilizan habitualmente ganchos verticales o laterales.

  Los ganchos verticales se utilizan para izadas en bodega, ya que las guías de bodega impiden la colocación o retirada de los ganchos laterales.

5.2 Estancia del contenedor en la terminal

Una vez llenado el contenedor y retornado a la terminal, los medios de descarga del camión o ferrocarril son las máquinas descritas anteriormente.

Al entrar en una terminal, bien por tierra o por mar, se efectúa una inspección de averías sobre el contenedor, con el fin de exonerar a la terminal de la responsabilidad de posibles averías que el contenedor pudiera tener.

Cuando los contenedores disponen de toda su documentación en regla pasan a la zona de almacenamiento, donde se deben apilar de la siguiente manera:

- Los contenedores vacíos por operador de cada línea.
- Los contenedores llenos y de importación, por bloques según el manifiesto, con objeto de que a la hora de su entrega no sea necesario remover contenedores.
- Los de exportación por líneas, puertos de destino y peso.

Cabe destacar, que cada terminal tiene su propia estrategia de campa de contenedores, acorde con los volúmenes manipulados y según el tipo de tráfico. Por norma general, una terminal con mucho tráfico de importación-exportación tendrá una estrategia más sencilla que otra con una mayoría de tráfico de trasbordo. Por ejemplo, es muy distinto descargar un buque completo con tráfico de importación que tener que segregar una descarga de trasbordo para otros buques con distintos destinos, pesos, tipos de contenedor, etc.

6   Equipamientos para carga y descarga de buques

Los equipos de carga y descarga de contenedores en los buques constituyen los recursos más significativos de la terminal, ya que hacen posible una determinada frecuencia operativa que permite optimizar el tiempo de atraque del buque. La fluidez de las entradas y salidas de buques de la terminal depende de la sincronización en los patios de contenedores y los movimientos interiores. Son los equipos más costosos del sistema logístico de una terminal y se espera de ellos la mayor eficacia y, muy especialmente, la máxima seguridad.

La operación de carga del contenedor en el buque se lleva a cabo mediante grúas pórtico buque-tierra, equipadas con un sofisticado bastidor de anclaje que desnivela su horizontalidad hasta conseguir la misma inclinación que el asiento del buque. Algunos bastidores pueden tomar dos contenedores de 20' a la vez (modo *twin-lift)* y girar 90°, y están dotados de aletas en sus extremos que facilitan su encuadre sobre el contenedor.

Figura 3.5. Tractor-remolque trasladando un contenedor en una terminal tras ser cargado mediante una grúa pórtico móvil sobre neumáticos o RTG (siglas de *rubber tyred gantry crane).*

La grúa está dotada de una pluma abatible, con el objeto de que al finalizar el trabajo se pueda recoger sin interceptar el tráfico del puerto.

En las figuras 3.5 y 3.6 se observan los diferentes tipos de grúas pórtico que facilitan el movimiento de contenedores desde la zona de patio, zona de aporte por plataforma y ferrocarril, hasta el propio buque.

6.1 Tipología de grúas pórtico

Las grúas pórtico se clasifican según el alcance en filas *(rows)* de la pluma de la grúa sobre el buque (véase la tabla 3.2). Actualmente existen las *feeder, panamax, postpanamax* y *super postpanamax.* Su denominación hace referencia al canal de Panamá y al tamaño de los buques que pueden navegar por él. Es decir, un buque panamax es aquel cuyo diseño y fabricación está ajustado a las dimensiones de las esclusas del mencionado canal, aportando la máxima capacidad de carga.

Figura 3.6. Grúa pórtico para contenedores buque-tierra tipo feeder en el muelle
de una terminal del grupo ECT en los Países Bajos.

Tipo de grúa	Alcance de contenedores de manga
Feeder	10
Panamax	13
Postpanamax	18
Super postpanamax	22

Tabla 3.2. Alcance en filas de contenedores según el tipo de grúa pórtico
utilizado en las operaciones buque-tierra.

a) Grúa *feeder*, para 10 contenedores de manga

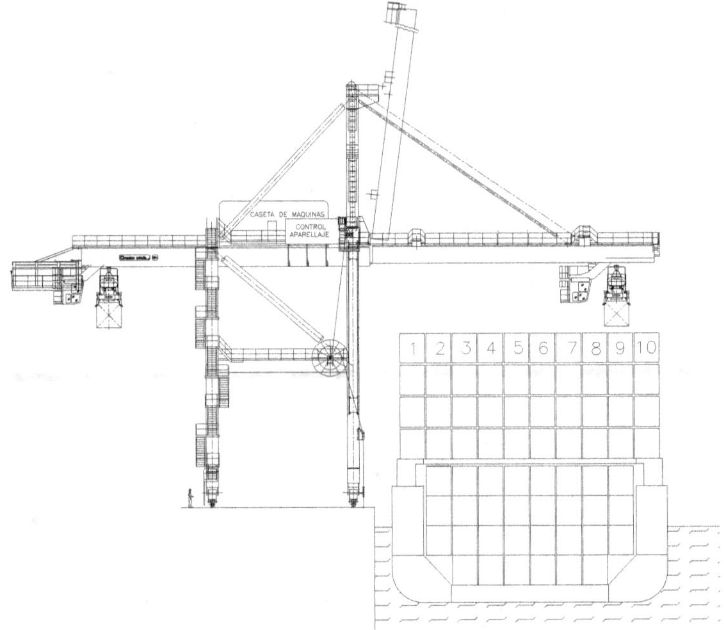

b) Grúa *panamax*, para 13 contenedores de manga

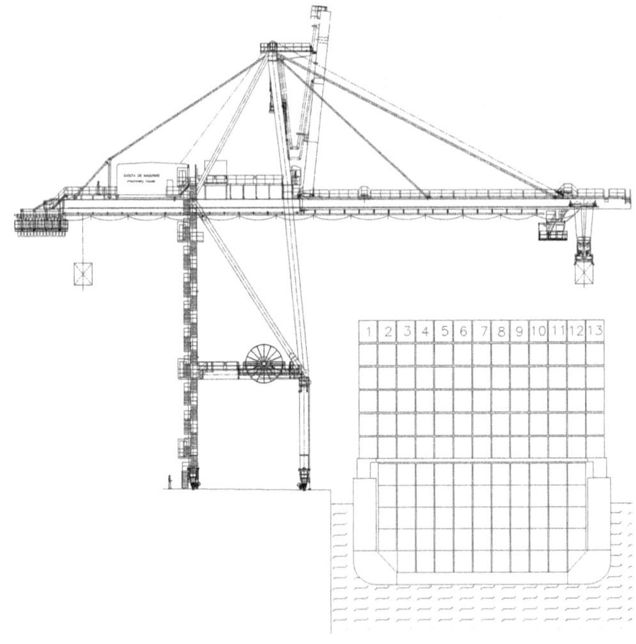

c) Grúa *postpanamax*, para 18 contenedores de manga

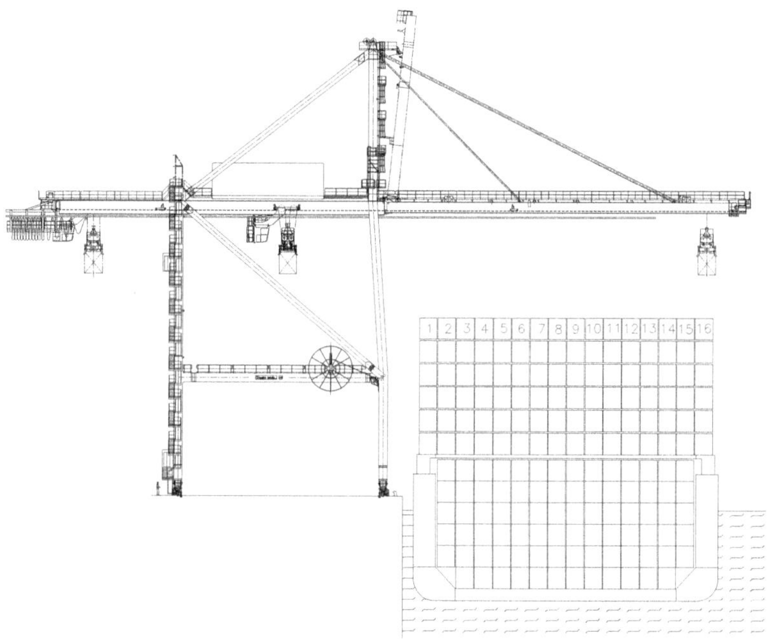

d) Grúa *super postpanamax*, para 22 contenedores de manga

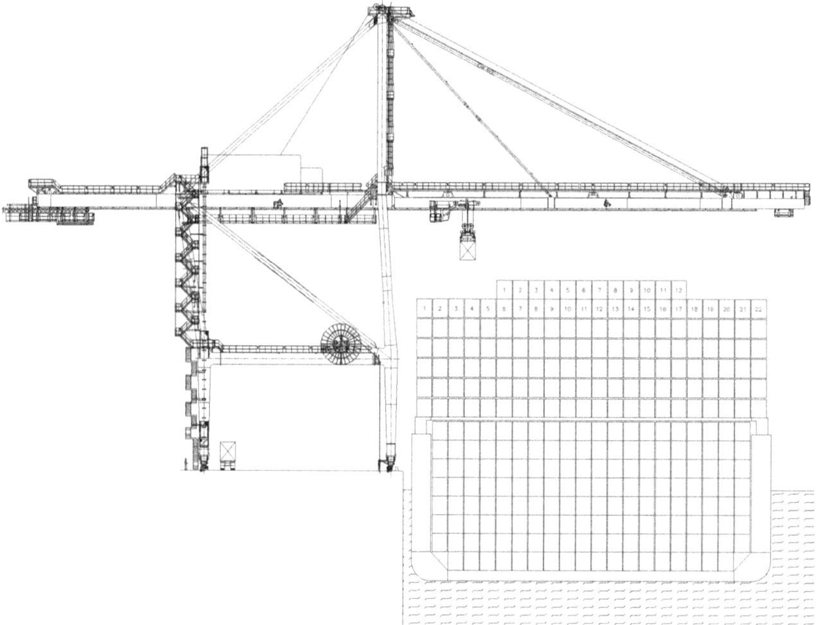

Figura 3.7. Esquema de grúas pórtico para la carga-descarga de contenedores buque-tierra.

7   Terminales automatizadas y semiautomatizadas

Los costes en mano de obra, el incremento de la competencia en la industria portuaria y el hecho de que el tráfico contenerizado implique la estandarización en los sistemas de manipulación de cargas (con la consecuente aparición de procesos estandarizados y sistemas asistidos por tecnologías de la información), han dado como resultado la automatización de las terminales de contenedores. A su vez, estas terminales se han ido equipando con maquinaria más sofisticada y con mayor capacidad productiva.

Desde 1984, cuando se empezó a automatizar la terminal de Europe Container Terminals (ECT), en Rotterdam, numerosas terminales han apostado por sistemas automatizados en mayor o menor grado. En 2012 había 33 terminales automatizadas, distribuidas en países con mano de obra con un coste elevado (Australia o EEUU) o

Figura 3.8. Terminal de Europe Container Terminals (ECT) en Rotterdam.

más competitivos (Corea o Singapur). Este hecho también ha sucedido, además de en Rotterdam, en otros puertos del entorno europeo, como Amberes, Hamburgo, Londres, Algeciras o Barcelona.

Una terminal automatizada precisa de una inversión de capital *(capital expenditures o capex)* más o menos elevada, con el objetivo de conseguir un alto retorno de la inversión mediante una reducción de los costes operativos *(opex)* en el medio o largo plazo. El nivel de inversión vendrá determinado por el grado de automatización de la terminal portuaria y por el estado inicial (inversión «desde cero», *greenfield,* u opción de cambio sobre una terminal ya existente). Por otro lado, el ahorro en costes operativos dependerá, además del tipo de terminal, básicamente del coste de la mano de obra y de la tipología de los tráficos.

7.1 Ventajas y debilidades de una terminal automatizada

De forma muy general, y dependiendo de los condicionantes derivados del lugar de implantación, las terminales automatizadas se caracterizan por:

- **Debilidades**
  - Una fuerte inversión, que en muchos casos puede limitar la viabilidad del proyecto al no proporcionar el retorno esperado por el inversionista o por la capacidad financiera del inversor.
  - Posibilidad de conflicto social. La migración de trabajo convencional hacia el automatizado puede topar con una difícil negociación con los agentes sociales, dado que disminuye mucho la demanda de mano de obra, y ello tiene fuerte impacto social. La negociación final de las condiciones de trabajo de la terminal automatizada determinará si la automatización tiene sentido o no.
  - Criticidad de la falta de redundancia operativa. La avería en una grúa apiladora de contenedores que funcione de manera automatizada (con carácter general, grúa ASC, siglas de *automatic stacking cranes)*[7] influye en la operatividad del bloque de contenedores, ya que las grúas ASC no pueden cambiar su

---

[7] Para facilitar la lectura de este apartado, el desarrollo de las siglas con las que se identifica habitualmente la maquinaria empleada en terminales automatizadas se resume en la tabla 3.3.

MAQUINARIA EMPLEADA EN TERMINALES AUTOMATIZADAS		
Grúa pórtico para operaciones buque-tierra	STS	*Ship to shore gantry crane*
Grúa pórtico sobre raíles	RMG	*Rail mounted gantry crane*
Grúa apiladora automatizada	ASC	*Automated stacking crane*
Vehículo de transferencia interna	ITV	*Internal transfer vehicle*
Vehículo de guiado automático	AGV	*Automated guided vehicle*
Vehículo de transferencia automático	ALV	*Automated lifting vehicle*
Grúa pórtico sobre neumáticos	RTG	*Rubber tyred gantry crane*
Grúa pórtico sobre raíles automatizada	ARMG	*Automated rail mounted gantry*
Grúa pórtico sobre raíles de carga lateral	C-ARMG	*Cantilever automated rail mounted gantry)*
Tractor-remolque de terminal	TT	*Terminal tractor trailer*
Vehículo de transferencia autoguiado con plataforma elevadora	L-AGV	*Lifting AGV*

Tabla 3.3. Identificación de la maquinaria que se emplea en terminales de contenedores automatizadas.

posición de un bloque a otro, posibilidad que sí ocurre con las grúas pórtico sobre neumáticos o RTG.[8]

- **Fortalezas**
  - Potencial ahorro de costes operativos, por menor coste de mano obra.
  - Mayor eficiencia energética (más equipos eléctricos y menos equipos de combustión).
  - Menor coste de mantenimiento (menor equipo de combustión y menor posibilidad de accidentes).
  - Disminución del factor de pico (los movimientos de reordenación del patio de contenedores tienen un coste muy bajo y se puede trabajar a

[8] Normalmente, los bloques de contenedores son de 250 m de longitud (unos 40 *slots* de 20'), con dos grúas ASC por bloque. Las configuraciones paralelas al muelle pueden disponer de mayor número de grúas ASC, manejando un grupo de grúas de forma conjunta en varios bloques u otro en caso de congestión o avería. La versión C-ARMG permite un mayor número de unidades por bloque, ya que la carga lateral no implica la necesidad de que la grúa llegue a un extremo u otro del bloque.

alta capacidad sin incidir en la estructura horaria: costes de nocturnidad, festividades, etc.).
– Mayor densidad de contenedores. Los bloques pueden ser de 8 hasta 11 contenedores de ancho (e incluso más, ya que las grúas ASC se adaptan a las características de la terminal). También se apila a más altura promedio (5 y 6 alturas), debido al casi nulo coste de la remoción de patio.

7.2 Maquinaria vinculada con la automatización

Las siglas ASC se refieren a cualquier tipo de grúa apiladora de contenedores que funcione de manera automatizada. Estas grúas normalmente son del tipo pórtico sobre raíles ARMG o C-ARMG, esta última de carga lateral. La diferencia entre ambas reside, básicamente, en que las primeras cargan y descargaran los camiones y los vehículos de transferencia interna (TT, AGV, L-AGV o ALV) única y exclusivamente en las cabezas de las calles *(hooks),* mientras que las C-ARMG lo hacen en el costado de las pilas de contenedores. La necesidad de un tipo u otro de maquinaria viene determinado por la tipología del tráfico y la disposición de las pilas a lo largo del patio de operaciones.

AGV, L-AGV y ALV son las siglas con que se identifican los distintos vehículos de transferencia desde la pila de contenedores a pie de buque (o entre distintos bloques).

- **Grúa pórtico automatizada** *(automatic stacking crane* o ASC)*
  Es un tipo de grúa cuya estructura metálica se desliza sobre raíles, que abarca hasta diez filas de contenedores en transversal, 5 + 1 de altura y una longitud acorde con el espacio disponible en la terminal. Estas grúas están dispuestas en parejas en diferentes módulos de contenedores. La primera grúa sirve la operativa de buque, la segunda sirve la operativa de tierra (camiones internos de la terminal y camiones externos). Cada grúa está equipada con tecnología de escaneo en los bastidores de anclaje *(spreaders),* que le permite manipular los contenedores sin necesidad de que una persona controle presencialmente la operación.

  Los principales beneficios de esta tipología de grúa son la optimización del espacio y la reducción de mano, aunque un reducido porcentaje de los movimientos debe ser completado manualmente desde una mesa de control remoto.

Figura 3.9. Detalle de la operación de carga de un camión por una grúa pórtico automatizada.
Se debe verificar que nadie se encuentra en la cabina del camión durante la carga.

- **Mesa de control remoto**

  Aunque no se trata de un medio mecánico, las mesas de control remoto están directamente conectadas con las grúas pórtico automatizadas. Cada terminal dispone de un número de mesas de control acorde con el número de grúas. A título indicativo, una terminal con diez módulos (veinte grúas automatizadas) dispondrá de dos mesas de control remoto. Habitualmente, entre un 10 y un 15 % de los trabajos no pueden ser completados por las grúas automatizadas. Esto puede ser debido a varios motivos, como fallas mecánicas, fallos en los escáneres o suciedad acumulada en los mismos. En estos casos, el sistema de control de la terminal conectará automáticamente la grúa con la mesa de control remoto para completar los movimientos.

- **Cassettes**

  Los *cassettes* son unas estructuras metálicas que se utilizan para el transporte interno de contenedores en la terminal. Están operados por camiones internos

Figura 3.10. Detalle de un camión dejando un *cassette* en el almacén para la descarga del contenedor.

mediante un sistema de *translifter* acoplado a la cabeza tractora. El *translifter* consiste en un dispositivo hidráulico operado remotamente desde el camión, que se desliza debajo del *cassette* y lo eleva para su transporte. Si bien su uso está extendido en terminales portuarias en Estados Unidos, algunas terminales europeas los utilizan por sus ventajas operativas.

La principal ventaja de los *cassettes* es que no es necesario que el camión se espere a ser cargado o descargado. De este modo, el camión no tiene demoras al estar siempre en tránsito completando movimientos para la operativa.

7.3 Tipología de terminales automatizadas

Las terminales automatizadas se pueden diferenciar según su grado de automatización, su distribución física y el tipo de maquinaria utilizada.

Los diferentes tipos de terminales, total o parcialmente automatizadas, son las siguientes:

- La diferenciación básica entre las terminales totalmente automatizadas de las semiautomatizadas reside en el proceso de transferencia desde las pilas del patio de contenedores hacia el cantil del muelle o viceversa.

  Mientras que las terminales totalmente automatizadas disponen de vehículos autoguiados para la transferencia de contenedores desde las pilas *(stacks)* hasta el cantil de muelle *(appron area)* o viceversa, las terminales semiautomatizadas continúan usando tractores-remolque (TT) o carretillas pórtico manuales *(straddle carriers)* para dicho trayecto. Ejemplos de terminales parcialmente automatizadas son las situadas en los puertos españoles de Barcelona y Algeciras, por ejemplo, aunque ambas podrían convertirse en automatizadas completamente mediante la implantación de sistemas de control en las carretillas pórtico.

- Las terminales totalmente automatizadas son aquellas en las que la transferencia desde la pila de contenedores hasta el costado de buque (a pie de grúa) se realiza mediante vehículos autoguiados (AGV, L-AGV o ALV). Una excepción de esta norma sería la terminal de Brisbane (Australia), que está provista de carretillas pórtico automatizadas, por lo que los medios mecánicos de apilado y transferencia funcionan ambos de manera autoguiada. Ejemplos de terminales totalmente automatizadas en Europa son HHLA, en Hamburgo, y ECT, en Rotterdam (véanse las figuras 3.8 y 3.11).

- Elementos diferenciales entre terminales:

  - Inversión en *equipos de transporte.* Mientras que el coste de un tractor-remolque de terminal puede ser de 100.000 €, los precios de cada elemento de transporte autoguiado son mucho más elevados (AGV, 0,5 M€, L-AGV, 0,6 M€, y ALV, 0,75 M€). Además, son necesarios más vehículos de transferencia, dado que la velocidad de transporte es mucho menor en los vehículos automáticos.
  - Inversión en *sistemas informáticos e infraestructuras de autoguiado y control de tráfico* (transpondedores,[9] DGPS *[differential global positioning system]* o

---

[9] El transpondedor es un dispositivo interconectado en serie que se utiliza en sistemas de localización, navegación o posicionamiento.

Figura 3.11. Terminal de Europe Container Terminals (ECT) en Rotterdam.

radar). Además de la inversión, el diseño de las reglas de tráfico y seguridad de los vehículos autoguiados y la resolución de incidencias, son los principales inconvenientes de la terminal automatizada, y tienen un impacto significativo en la capacidad productiva de la misma.

– Por otro lado, el *ahorro en costes de personal* más relevante se produce en el uso de los vehículos de transferencia interna, ya que normalmente cada uno de estos equipos de trabajo (excluyendo las labores de trincado y el manejo de las grúas RTG o ASC) ocupan entre 9 y 12 personas, de las cuales entre 4 y 6 se dedican a la conducción de los vehículos.[10] En las terminales semiautomatizadas, la reducción de personal sólo se produce en la sustitución de manipuladores de grúas pórtico RTG (relación 1:1), por el controlador de grúas apiladoras automatizadas, realizando el último tramo

[10] Mención aparte merecen las terminales equipadas con carretillas pórtico, desde las de manejo manual a las automatizadas, por tratarse de casos aislados que previsiblemente no tendrán continuidad.

Figura 3.12. **Grúa apiladora automatizada en el puerto de Amberes (Bélgica).**

de carga/descarga en vehículos convencionales por motivos de seguridad, en proporciones que oscilan de 1:3 a 1:8.

7.4 *Vehículos en terminales totalmente automatizadas*

El AGV es el primer tipo de vehículo de transferencia interna autoguiado que prestó servicio en las terminales de contenedores. Consiste en una plataforma no articulada con capacidad de carga de 1×20', 2×20', 1×40' y 1×45'. Excepcionalmente, también pueden cargar 1×30' en diseños especiales. Su velocidad de transporte oscila entre 3 y 6 m/s, básicamente por razones de seguridad. No dispone de ninguna otra funcionalidad que el transporte de contenedores y su uso representa el principal cuello de botella de las operaciones en una terminal.

Dada su baja velocidad y la enorme cantidad de reglas de tráfico necesarias para poder gestionar el sistema de manera segura, se pueden producir retrasos si no hay un vehículo AGV disponible a pie de buque en la descarga de un contenedor, o en la transferencia desde la pila de contenedores en la cabeza de la calle. De la misma

Figura 3.13. Vehículo de guiado automático operando en el puerto de Hamburgo (Alemania).

manera, el AGV queda atrapado con un contenedor encima hasta que no es liberado por la grúa STS en la operación de carga al buque, o por la grúa apiladora si hay que apilar el contenedor en el patio, recibido desde una descarga o en una remoción entre calles.

Es lo que se conoce como operación completamente acoplada. La cola de trabajos de la grúa apiladora depende completamente de la disponibilidad de vehículos autoguiados en las cabezas de las calles, mientras que el rendimiento de estos depende enteramente de la eficiencia de la grúa ASC en una cabeza de calle y de la grúa STS en el otro extremo. A su vez, el rendimiento de esta última depende de la disponibilidad de vehículos AGV.

Por tanto, cualquier alteración en el ritmo de trabajo en cualquiera de los sistemas, influye directamente en los otros sistemas, ya que no existe espacio de amortiguación para absorber los picos. Una posible solución a este problema es la creación de una reserva de vehículos AGV (es decir, vehículos que actúan como amortiguadores del flujo irregular de trabajo en cualquiera de los dos otros sistemas, STS o ASC). Esto supone una solución costosa, dado que requiere una inversión adicional para poder gestionar momentos puntuales.

Figura 3.14. Carretilla pórtico elevadora-apiladora, tipo straddle carrier, automatizada
(automated lifting vehicle o ALV).

Como alternativa a esta problemática se han desarrollado dos tecnologías, conocidas como L-AGV y ALV, para gestionar, respectivamente, las operaciones parcialmente desacopladas y las totalmente desacopladas.

Un vehículo L-AGV es una evolución del tipo AGV, pero con una funcionalidad añadida, consistente en la capacidad de izar la plataforma que acarrea los contenedores. Este izado permite depositarlos en estructuras metálicas situadas en las cabezas de las calles, con la finalidad de liberar el vehículo sin necesidad de que exista operación coordinada con la grúa apiladora. Es decir, la estructura donde se apoya el contenedor actúa de amortiguador del posible flujo irregular de trabajo. Sin embargo, a pie de la grúa STS, el vehículo L-AGV actúa como un vehículo de guiado automático tradicional, y debe esperar a que la grúa le descargue el contenedor para quedar listo para la siguiente orden de trabajo.

También se ha desarrollado una tecnología de automatización de carretillas pórtico que permite al vehículo portear, cargarse y autodescargarse el contenedor, tanto en los espacios de cabeza de calle de la grúa ASC como a pie de la grúa STS. Por tanto, los tres ciclos operativos quedan totalmente desacoplados, por lo que las ineficiencias de uno afectan mínimamente en el resto.

8 La operativa en las terminales de contenedores

La estrategia de los agentes implicados en la explotación de los contenedores se desarrolla en torno a la idea de que los buques deben estar navegando en todo momento. Así, la estancia en una terminal es percibida como una pérdida de tiempo en la que el buque y los contenedores que transporta no aportan ningún rendimiento económico. Es por esto que una buena forma de atraer a una naviera hacia una determinada terminal es mediante unas estadísticas de rendimiento que ofrezcan rentabilidad económica.

Las estadísticas de rendimiento o indicadores clave de productividad, también se conocen como KPI *(key performance indicator).* Las terminales de contenedores llevan habitualmente un control de sus estadísticas, ya que se trata de un recurso valiosísimo en la evaluación de su rendimiento. Incluso se crean nuevos indicadores para medir partes específicas de la operativa con los que luego se puedan implementar mejoras en los procesos.

Típicamente los indicadores que interesan más a las navieras son los movimientos por atraque a la hora *(berth moves per hour* o BMPH) y la media de tiempo en servir a un camión (carga o descarga) *(truck turnaround time* o TTT). Ambos pueden ser indicativos de una terminal bien organizada y con una operativa fluida.

8.1 Movimientos por atraque a la hora o BMPH

Es el total de movimientos en la operativa de un buque concreto dividido por el total de horas que está atracado. Una terminal con un indicador alto, por ejemplo de 90, será más atractiva al significar que las operativas de buque se completaran en menor tiempo. Por el contrario, un indicador bajo sugiere que una terminal no rinde a nivel óptimo.

$$BMPH = \frac{Total\ de\ movimientos\ (carga\ +\ descarga + remociones)}{Horas\ de\ atraque}$$

Los movimientos por atraque a la hora están relacionados con el número de grúas o manos portuarias destinadas a trabajar un buque y con las productividades individuales de cada grúa. A modo de ejemplo, un buque trabajado por cuatro manos portuarias de principio a fin, con una productividad media de 22,5 mph (movimientos por hora) produciría un indicador BMPH de 90. Asimismo, el mismo buque trabajado por tres manos portuarias con el mismo rendimiento por grúa produciría un BMPH de 67,5.

La realidad, como veremos a continuación, es muy distinta a este ejemplo, ya que cada grúa tendrá una productividad distinta dependiendo de las bahías donde trabaje y del programa de trabajo. En general, una grúa que trabaje en descarga alcanzara una productividad mayor que una grúa trabajando en carga.

Cabe destacar que la mayoría de las terminales disponen de grúas con bastidor de anclaje *(spreader)* con capacidad para cargar en modo *twin lift* (dos contenedores de 20' en una misma izada). Por tanto, en las bahías con gran cantidad de contenedores de 20' cabe esperar mayores productividades, ya que la grúa deberá realizar la mitad de izadas para cargar el mismo número de contenedores que una grúa cargando contenedores de 40'. Hay muchos otros factores que pueden mermar la productividad, como pueden ser las averías de grúa, o las de la maquinaria de campa que maneje contenedores con destino a la grúa.

8.2   Con cuantas grúas se atiende un buque

Son varios los factores que determinan el número de grúas. En primer lugar nos hemos de remitir al *service level agreement* (SLA). Se trata de un contrato que vincula a la naviera y la terminal y en el que se acuerdan entre otros aspectos, el número mínimo de grúas que la terminal destinara para atender los buques del servicio en cuestión.

Otros puntos importantes del SLA son la ventana de atraque y los movimientos por escala de buque. En estos, la naviera se compromete hacer arribar el buque en un día de la semana y en una franja horaria determinada. El número de movimientos hace referencia al límite mínimo y máximo de movimientos por escala. Ambos puntos muy importantes para la organización de los recursos y la operativa en la terminal.

Una vez se conozca el número mínimo de grúas según el SLA, se ha de atender la localización física de los contenedores a descargar y dónde se deben cargar. Normalmente, donde se hayan descargado primero. Esta es una tarea que corresponde al departamento planificador de la naviera *(central planner)*, que debe reservar y asignar los espacios del buque de manera que la terminal pueda trabajar con el número de grúas acordado en el SLA.

En la figura 3.15 se puede ver una operativa planificada para tres grúas. Este documento se conoce como distribución de grúas o *crane split*. Cabe destacar, y esto es común en la mayoría de las terminales que trabajan con grúas pórtico, que dos grúas no podrán trabajar en bahías continúas. Al contrario, es necesaria una separación de una bahía de 40' entre dos grúas. En esta figura, la grúa que trabaja las bahías de proa no podrá trabajar en la bahía 13/15 al mismo tiempo que la grúa central trabaja en la bahía 17/19.

Una planificación deficiente, en la que gran cantidad de los movimientos se encontrasen en las bahías centrales del buque haría imposible el trabajo de las tres grúas al mismo tiempo. En este sentido es común que las terminales soliciten cambios en la planificación con el fin de mejorar las posibilidades de mantener un número determinado de grúas trabajando en todo momento.

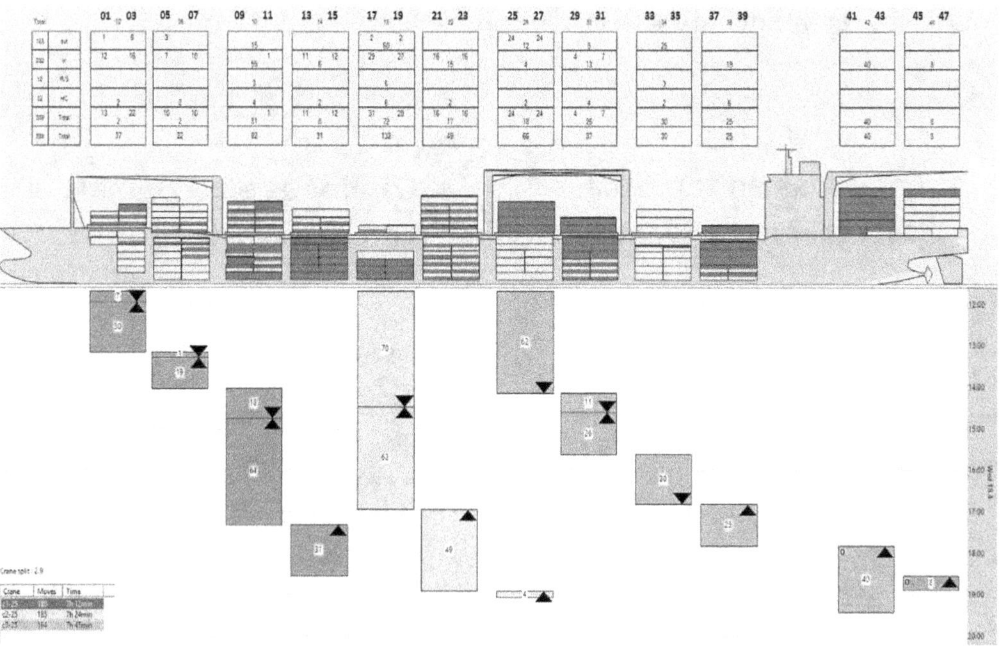

Figura 3.15. Gráfico que elabora el departamento planificador de la naviera para la distribución de las grúas que han de atender a un buque.

8.3 La media de tiempo en servir a un camión

Es la media de tiempo que un camión externo tarda en ser servido en la terminal. El tiempo se calcula desde que el camión accede a las instalaciones hasta que sale por puerta. Todos los camiones se incluyen en el cálculo sin importar cuantos contenedores transportan. Algunos tan solo recogen un contenedor de importación mientras que otros llevaran dos contenedores de 20' de exportación y recogerán dos contenedores de 20' de importación.

Este indicador no incluye el tiempo de espera fuera de la terminal. Este es un factor importante, ya que en muchas terminales se organizan largas colas de espera para acceder a las instalaciones, especialmente en franjas horarias concretas. Normalmente, la mayor afluencia se produce a primeras horas de la mañana, de 05:00 a 09:00, y por la tarde, de 15:00 a 19:00 (según los horarios de puerta de cada terminal).

Esta afluencia de camiones puede congestionar las carreteras colindantes de la terminal y tener un impacto negativo en la comunidad portuaria. Por otro lado, la terminal no tiene interés en sobrepasar un cierto número de camiones, ya que la congestión y los retrasos en la operativa de campa, también pueden impactar negativamente en la operativa del buque.

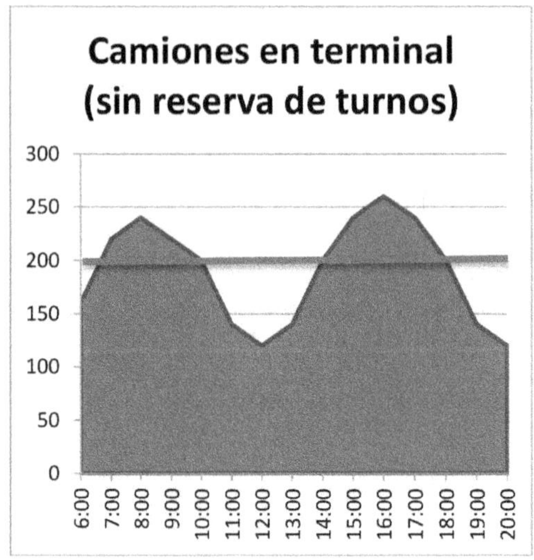

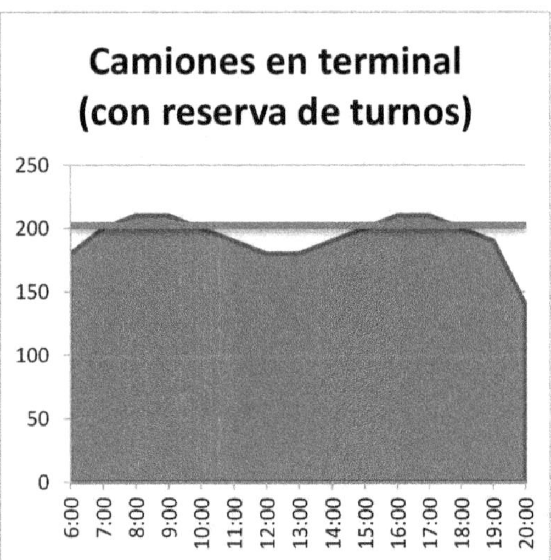

Figura 3.16. Incidencia de la reserva de turnos para la carga de los camiones en la operativa de una terminal.

Por este motivo, las terminales optan por un sistema de reserva de turnos *(vehicle booking system* o VBS), donde cada hora de puerta tiene asignada un número máximo de turnos. Cada empresa transportista que quiera acceder a la terminal debe registrarse en el sistema para poder reservar su turno. Una vez se alcanza el límite horario las compañías transportistas deben optar por un horario distinto. Los turnos se deben reservar con antelación, ya que si no se corre el riesgo de no tener acceso a la terminal.

Este sistema evita largas colas a la entrada de la terminal y un acceso más organizado, a la vez que permite una mejor organización de la operativa interna. Al conocer con antelación los contenedores que se han de entregar, la terminal puede efectuar las remociones necesarias para desenterrar y preparar para entrega los contenedores de importación, o bien se pueden destinar más recursos si por ejemplo se espera una gran recepción de vacíos en un hora concreta.

8.4 Los cuellos de botella en la operativa

En toda operativa se producen imprevistos o situaciones no bien anticipadas que terminan una demora de las operaciones. Hay una infinidad de eventualidades que pueden retrasar la operativa del buque o de la terminal.

En el caso de la operativa del buque, se puede producir retrasos, entre otros motivos, por:

- Demora de la tripulación en desconectar los contenedores frigoríficos de descarga.
- Demora de las manos de trinca en destrincar las cubiertas de descarga.
- Congestión en la campa por deficiencias en la gestión.
- Errores humanos de la mano portuaria o de la planificación de la terminal, tales como cargar contenedores en lugares equivocados.
- Mal tiempo que imposibilite o dificulte el trabajo, como pueden ser días de mucho viento.

Todas ellas son situaciones que pararan la grúa o disminuirán el ritmo de carga o descarga.

Como hemos visto con anterioridad, está en el interés de la terminal mantener unas productividades elevadas y sostenidas en el tiempo que le permitan atraer nuevas actividades y navieras. Es por esto que uno de los principales cometidos de los equipos que dirigen la operativa de la terminal es avanzarse y atajar cualquier tipo de demora.

Pero más allá de las distintas eventualidades que se puedan dar, toda operativa siempre tendrá un cuello de botella. Esto es, un factor determinante que limitara la productividad de la grúa. La terminal puede disponer de las grúas más modernas y equipadas con las últimas tecnologías, pero si no le llegan contenedores desde la campa con fluidez no podrá rendir de manera óptima.

Por esto es determinante que la terminal tenga una campa bien gestionada, con una estrategia de planificación bien definida que dé fluidez a las operaciones. Por otro lado, la mano portuaria ha de contar con recursos suficientes para mantener un buen rendimiento. Una grúa con un solo camión para transportar contenedores desde la campa a buen seguro no podrá realizar un buen rendimiento. Por último, es igualmente importante contar con equipos de gruistas experimentados.

Capítulo 4

El buque portacontenedores y su equipamiento

1 Tipos de buque para el transporte de contenedores

Para el transporte de contenedores, el tipo de buque utilizado es el llamado «portacontenedores puro» o «celular», que se caracteriza por disponer de bodegas celulares, o sea, sin entrepuentes y con guías verticales para facilitar la estiba de los contenedores. En este tipo de buques, los contenedores siempre se cargan y descargan en sentido vertical, tanto en bodegas como sobre cubierta.

Otros tipos de buques portacontenedores son los denominados *pull-on/pull-off,* en los que se emplean carretillas elevadoras de gran potencia para la carga y descarga de los contenedores; y los *lift-on/lift-off,* en los que las operaciones se efectúan mediante grúas.

Actualmente, se construyen y explotan buques portacontenedores con capacidad de carga de entre 8.000 y 22.000 TEU (véase la tabla 4.1).

El contenedor parte de una idea muy lógica y eficaz: una caja de metal grande donde se estiban las mercancías unitariamente para luego ser transportadas de manera protegida. Esta idea ha anulado completamente el tipo de tráfico y la cultura de la mercancía general que había existido tradicionalmente. Para ello ha habido una evolución en el diseño de los buques de carga general tipo tres torres hacia los actuales portacontenedores de múltiples bodegas con grandes cubiertas, hasta llegar al extremo de los buques sin tapas de bodega *(open top).*

Generación	Tipo	Capacidad (TEU)	Eslora (m)	Manga (m)	Calado (m)
1.ª 1956-1970	Carguero o petrolero convertido	500-800	135-200	32,2	9
2.ª 1979-1980	Celular	1.000-2.500	215	30	10
3.ª 1980-1988	*Panamax*	3.000-4000	250-290	32	11-12
4.ª 1988-2000	*Postpanamax*	4.000-5.000	275-305	40	11-13
5.ª 2000-2005	*Super postpanamax*	5.000-8.000	335	42	13-14
6.ª 2006	*Suezmax – Nuevo panamax*	11.000-14.500	397	56	15,5
7.ª 2013	*Malacamax*	18.000-22.000	458	60	20

Tabla 4.1. Evolución en las características de los buques portacontenedores.

Afirmar que estos buques son los más específicos que hay sería falsear la verdad, ya que si bien cargan contenedores de manera exclusiva, ofrecen varias posibilidades con una misma estructura de buque. Actualmente, se diferencian los tipos de buque portacontenedores según su tamaño y su capacidad para transportar una determinada cantidad de TEU. A su vez, el tamaño y la capacidad es lo que los califica como «aptos» para unas rutas u otras.

Las limitaciones de tamaño de estos buques están dadas por los pasos geográficos estratégicos por los cuales tendrán que navegar:

- *Panamax*: 5.000 TEU; eslora 320 m; manga 33,5 m; calado 12,5 m. 12.000 TEU tras la ampliación del canal finalizada en su totalidad el 2014.
- *Suezmax:* 14.000 TEU; desplazamiento de 137.000 tonelaje de peso muerto (TPM) *(dead-weight tonnage* o DWT); eslora 400 m; manga 50 m; calado aproximado 15 m.

Figura 4.1. Estiba de contenedores en la cubierta de un buque portacontenedores.

– *Malacamax:* 22.000 TEU; desplazamiento de 300.000 TPM; eslora 470 m; manga 60 m; calado aproximado 16 m (cálculo teórico).

En cuanto al tipo de rutas que realizan los diferentes tipos de buques portacontenedores, se pueden clasificar en:

- **Buque transoceánico**

  Son los de mayor tamaño, alcanzando una capacidad de 22.000 TEU. Para que su explotación resulte beneficiosa hay que minimizar las escalas, efectuando sólo dos o tres en una circunvalación transoceánica. Aproximadamente, ha de descargar el 50-60 % de su carga para que una escala resulte rentable.

Figura 4.2. El buque transoceánico *MSC Bari*, con una capacidad de 14.000 TEU.

- **Buque oceánico**
  Realiza tráficos de media y larga distancia sin llegar a las circunvalaciones. Los portacontenedores con capacidades entre 4.000 y 8.000 TEU se consideran adecuados para este tipo de rutas, aunque a menudo este tipo de buques también se utilizan en rutas transoceánicas.

- **Buque alimentador o *feeder***
  El término inglés *feeder* significa literalmente «alimentador». Este tipo de buque «alimenta» los puertos concentradores o *hub* donde escalan buques transoceánicos y oceánicos. Sólo los buques más pequeños pueden conectar los grandes puertos con los de menor tamaño de su área de influencia económica, que no poseen las infraestructuras y los equipamientos necesarios para dar cabida a los buques transoceánicos. Estos buques transportan desde unos pocos centenares hasta los 3.000-4.000 TEU.

Figura 4.3. Buque portacontenedores *Meera*, de tipo *feeder*.

Otra variedad de portacontenedor son las barcazas de tipo *sea-bee*, mediante las que se transportan cargas unitizadas y que pueden albergar en su interior contenedores, que se cargan y descargan por medio de elevadores hidráulicos, generalmente de un peso entre 300 y 500 toneladas.

La tabla 4.2 resume las características esenciales de un buque portacontenedores. En los apartados siguientes se detallan las de los diferentes tipos de buque, según la tipología de su carga.

- **Buque celular *lo-lo***

  En los buques tipo *lift-on/lift-off*, *lo-lo* o *full container*, el trasbordo de la carga se lleva a cabo por elevación. Está especializado en transportar contenedores de manera exclusiva.

- **Buque multipropósito**

  Pueden transportar multiplicidad de tipos de carga, por ejemplo, carga general suelta, carga paletizada, automóviles, graneles líquidos, carrocerías o contenedores. Generalmente, están equipados con grúas de gran capacidad y escotillas de grandes dimensiones que, en la mayoría de los casos, ocupan casi todo el ancho de la cubierta.

La longitud y la anchura de las escotillas son múltiplos enteros del contenedor, con pequeñas holguras que sirven para facilitar la operación de carga y descarga, y para asegurar la autosujeción de los contenedores en el interior de la bodega. Para ello se utiliza, cuando es necesario, la aplicación *bridge fitting*.

Las tapas de las escotillas y brazolas están reforzadas para soportar el peso de varias camadas de contenedores. Algunos buques multipropósito disponen de rampas o puertas laterales destinadas al embarque y desembarque de cargas rodadas (carrocerías, camiones, automóviles, etc.). Generalmente, disponen de tanques laterales donde pueden transportar granel líquido o lastre segregado, utilizado para controlar la estabilidad del buque.

- **Buque de carga rodada** *(ro-ro)*
  Los buques especializados tipo *roll-on/roll-off* o *ro-ro* están preparados para cargar y descargar los contenedores de manera horizontal, preferentemente rodada, sobre plataformas o tráileres que procedan del transporte por carretera para su recepción o expedición en la terminal portuaria. Las operaciones de embarque y desembarque se efectúan mediante cabezas tractoras y, por consiguiente, no se precisan grúas ni otros elementos auxiliares.

CARACTERÍSTICAS DE UN BUQUE PORTACONTENEDORES
- Dispone de una gran cubierta principal
- No tiene arboladura
- Las bodegas están configuradas por mamparos, dispuestos en forma transversal y longitudinal
- Las bodegas se subdividen en secciones o celdas, provistas de un sistema de carriles verticales que permiten almacenar contenedores de 20 y 40 pies
- La localización de un contenedor se lleva a cabo mediante la división de la celda en columnas y filas
- Los contenedores se estiban en sentido longitudinal, de proa a popa
- No tiene entrepuente
- El casco del buque dispone de doble fondo
- El carburante y el agua dulce utilizados en el barco se almacenan en tanques situados en espacios donde no se estiban contenedores

Tabla 4.2. Características comunes de los buques portacontenedores.

Estos buques necesitan equipamientos específicos para el trincado de las unidades sobre la cubierta de estiba. Dicha cubierta también está preparada con elementos fijos para la recepción de las trincas.

- **Buque LASH**

  LASH es un acrónimo de la expresión *lighter aboard ship*. Se trata de un tipo de buque portabarcazas especializado en el transporte marítimo de mercancías, óptimo cuando se puede asociar a un puerto servido por amplias hidrovías interiores. También puede ser adecuado en el caso de instalaciones anticuadas, con muelles y mano de obra abundante.

Figura 4.4. Operación de estiba en un buque portacontenedores.

Las barcazas son movidas por pórticos rodantes y superpuestos en la bodega y cubierta del buque-madre. Al llegar al lugar de fondeo, el buque portabarcazas no necesita atraque, pone las barcazas a flote y recibe las que están previamente listas para el embarque. De esta manera presenta una alta rotatividad, disminución de los tiempos de escala y, con ello, de los costes.

2   Convenios internacionales aplicables

- **El Convenio SOLAS**

  La Convención Internacional para la Seguridad de la Vida Humana en el Mar, o Convenio SOLAS (siglas de International Convention on Safety of Life at Sea) es el tratado más importante de todos los acuerdos internacionales sobre seguridad de los buques mercantes.

  Aunque su primera versión data de 1914, en respuesta a la catástrofe del *Titanic,* está en vigor la elaborada en 1974. El objetivo principal del Convenio SOLAS –según recoge la web de la IMO– es establecer normas mínimas relativas a la construcción, el equipo y la utilización de los buques, compatibles con su seguridad.

  Hasta las últimas enmiendas, el buque portacontenedores se considera a efectos de todos los convenios existentes un buque de carga estándar, sin ninguna particularidad que haga necesario un reglamento específico. Solamente hay reglas de interpretación adjuntas a códigos ya vigentes (por ejemplo, la resolución MSC/Circ. 608 sobre cómo calcular el arqueo).

- **El Código IMDG**

  El Código Marítimo Internacional de Mercancías Peligrosas o Código IMDG *(International Maritime Dangerous Goods),* se publicó en 1965 en el seno de la OMI. Este código regula el transporte de mercancías peligrosas y previene la contaminación en el mar. El Código IMDG agrupa las mercancías peligrosas en: explosivos, gases, líquidos inflamables, sólidos y otras sustancias inflamables, sustancias oxidantes y peróxidos orgánicos, sustancias tóxicas e infecciosas, materiales radiactivos, sustancias corrosivas y sustancias peligrosas varias.

  El Código IMDG realiza un tratamiento específico de los buques portacontenedores que transportan los conocidos como «contenedores IMO», que son aquellos que contienen algún tipo de mercancía peligrosa, y que deben ser segregados para evitar riesgos por incompatibilidades entre mercancías.

Capítulo 5
Seguridad de la carga y del transporte

1   La protección *(security)* de los contenedores

La mejor seguridad para las cargas transportadas en contenedor radica en su encerramiento, aisladas del exterior hasta llegar a su destino, tal como fueron estibadas en su origen. Esta particularidad tan beneficiosa pasa a tener una consideración negativa cuando el contenedor puede ser utilizado por organizaciones delictivas para albergar productos ilícitos o con ánimo de poner en peligro los bienes y la vida de las personas.

Tras los atentados del 11 de septiembre de 2001 en Nueva York, las autoridades norteamericanas han elevado las exigencias de seguridad para los contenedores con el fin de que no puedan ser utilizados con fines terroristas, o que no se conviertan en un móvil para introducir estupefacientes o personas clandestinamente. Quienes han puesto especial énfasis en este control exhaustivo son las agencias de seguridad de EEUU, y han obligado con ello a que los demás países exportadores deban cumplir con normas más severas, a riesgo de poner en peligro el éxito de sus operaciones comerciales, de que sus contenedores sean rechazados o de sufrir demoras y costes difícilmente asumibles por las empresas.

En este sentido, se debe mencionar los criterios aplicables a los sellos y precintos de contenedores que accedan a los puertos estadounidenses (véanse las figuras 5.1 y 5.2).

En esta iniciativa para proteger el comercio exterior norteamericano contra el terrorismo, teniendo en cuenta que no existe una norma internacional para precintos, basándose en la norteamericana ASTM F1157 que aportaba especifi-

Figura 5.1. Precinto de seguridad colocado en un contenedor.

caciones de las propiedades físicas de los precintos de seguridad, se ha pasado a la norma ISO/PAS 17712, que define los actuales mínimos requeridos para los equipos que accedan a EEUU.

En la tabla 5.1 se indican las especificaciones de la norma ISO/PAS 17712, comparándolas con las anteriores de la norma ASTM F1157. En ella se puede

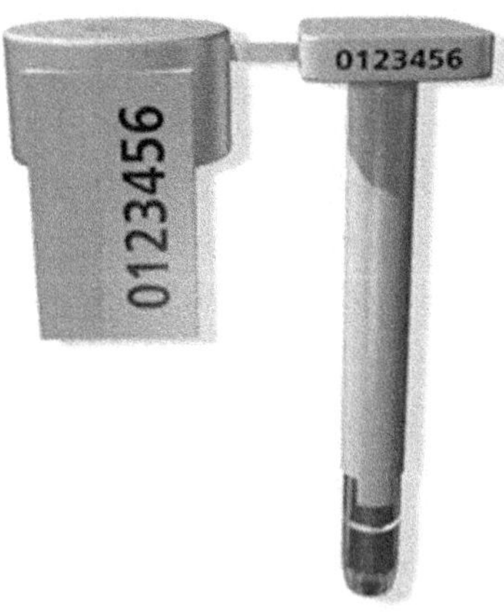

Figura 5.2. Precinto normalizado para contenedores.

comprobar el significativo incremento experimentado en cuanto a las exigencias de seguridad.

De acuerdo con las normas establecidas por las aduanas de EEUU, en lo que se conoce como *The Customs; Trade partnership against terrorism* (C-TPAT) o Programa de Asociación Aduanera Comercial contra el Terrorismo, la cadena de cumplimiento comprende a todos los intervinientes desde el punto de origen (fábrica, intermediarios, vendedor) hasta el punto final de destino o distribución. Extiende perímetros de seguridad para que los importadores transporten su mercadería segura desde que sale de la fábrica hasta que el minorista la recibe. La Regla de las 24 h, conocida como *cut off*, señala la hora límite para que la terminal portuaria reciba la carga de exportación. Posibilita que la terminal registre la carga y que en un plazo determinado se lo comunique a la agencia consignataria. El consignatario debe a su vez notificar al menos 24 h antes del embarque a la aduana del país receptor integrado en el convenio de seguridad. En la práctica, el *cut off* se fija 36 h antes de la llegada planificada del buque. En los países que aplican con éxito estas medidas, la autoridad marítima o portuaria acuerda entre operadores, agencias y funcionarios aduaneros, prohibir el embarque de cargas tardías. Los regímenes de penalización resultan muy severos para agencias y operadores aduaneros. El período en que los operadores pueden entregar los contenedores tiene un inicio, una fecha y hora, además de hora límite *(cut off)*.

COMPARATIVA DE NORMAS PARA PRECINTOS		
Tipo de prueba	**Especificaciones ISO/PAS 17712**	**Especificaciones ASTM F1157**
Tensión	10,0 kN (kg)	4,44 kN a 13,34 kN (1.000–3000 ft-lbs)
Esfuerzo cortante	341 kg (751 lbs)	340 a 435 kg-ft (751–1.000 ft-lbs)
Torsión	(37 ft-lbs)	(36–50 ft-lbs)
Rigidez	50 Nm	68 Nm
Flexibilidad	501 ciclos	501–1.000 ciclos
Golpe	40,68 J (30 ft-lbs)	40,68 a 52,90 J

Tabla 5.1. Especificaciones de seguridad ISO/PAS 17712 para precintos de contenedores.

Para obtener la certificación C-TPAT, los socios comerciales (transportistas, puertos, terminales, agentes, consolidadores, etc.) deben ser conocidos por los importadores, hecho que debe poder demostrarse mediante obligaciones contractuales, cartas de acuerdo, cuestionario escrito o por procedimientos electrónicos.

1.1 Iniciativa de Seguridad en Contenedores (Container Security Iniciative *o CSI*)

Creada y desarrollada a partir del año 2002 por la US Bureau of Customs and Border Protection (CBP), se trata de un conjunto de normas de seguridad del comercio mundial contra la posibilidad de uso terrorista de un contenedor marítimo para transportar armas. La CSI establece un régimen para asegurar que todos los contenedores que presentan un riesgo potencial para el terrorismo sean identificados e inspeccionados en puertos antes de ser cargados en los buques. El programa se extiende por los veinte puertos más importantes del mundo.

Su cometido es identificar y controlar contenedores para elaborar fuentes de investigación relacionadas con la amenaza terrorista de la carga. CSI continúa expandiéndose a lugares estratégicos en todo el mundo. La Organización Mundial de Aduanas (OMA), la Unión Europea (UE), y el G-8 CSI han adoptado resoluciones para la aplicación de CSI. Estas medidas de seguridad introducidas en los puertos de todo el mundo están operativas en América del Norte, Europa, Asia, África, Oriente Medio, América Latina y América Central. La política de seguridad incluye precintos y sellos controlados, registrados digitalmente. Asimismo se exige fotografiar el contenedor cuando se consolida (carga). Cada contenedor lleva una «señal» que indica haber sido fotografiado y varios precintos, tanto lleno como vacío. Cada dato de sellos y precintos se remite digitalmente para adjuntar a la documentación de cada contenedor.

La seguridad necesaria para garantizar la integridad de los contenedores debe proteger contra la introducción de materiales y personas sin autorización. En este sentido, para prevenir cargas ilícitas, deben aplicarse procedimientos de precintado apropiados y mantener su integridad durante el transporte.

Asimismo, la inspección del contenedor debe hacerse con procedimientos que validen su integridad física antes de iniciar la carga, incluyendo los mecanismos de cierre de las puertas.

2   Equipos de protección en las terminales[11]

La propia filosofía de prevención basada en la detección de personas y objetos susceptibles de significar una amenaza para la seguridad de las personas y los bienes involucrados en el ámbito marítimo y portuario, obliga a incorporar determinados equipos que puedan facilitar esa función con suficientes garantías de eficacia, y que a la vez minimicen las demoras y los contratiempos en el normal desarrollo de la actividad del transporte multimodal que reciben los puertos y los buques.

Estos equipos están basados en sistemas pasivos de identificación radiológica, principalmente rayos X, gamma y de neutrones. Detectan un completo espectro de materiales radioactivos, con los mínimos niveles de radiación para los operadores de los equipos. Están equipados con el sistema de detección de explosivos VEDS-3, que detecta de manera automática trazas de su presencia.

En la figura 5.3 se muestra una unidad móvil que lleva a cabo inspecciones por escaneado de volúmenes, en este caso de un contenedor transportado sobre plataforma.

Estos sistemas de detección presentan, entre otras, las siguientes ventajas:

– Proceso de inspección de 1-3 camiones con semirremolque por minuto.
– Visión completa de imágenes de cualquier tipo de vehículo y de su contenido.
– Posibilidad de actuación en casi todas las condiciones meteorológicas.
– Fuente de energía y detectores incluidos en un solo dispositivo para un manejo sencillo y eficaz.

3   La obligación de verificar el peso bruto de los contenedores o VGM

La OMI, tras los accidentes por fallos estructurales de los buques *MSC Napoli* (2007) y del *MOL Confort* (2013), mediante Resolución MSC.380 (94) modificó en 2014 la regla 2 sobre información de la carga, del capítulo VI sobre transporte de cargas y combustible líquidos, del Convenio Internacional para la Seguridad de la Vida Humana en el Mar o Convenio SOLAS. Aunque dichas enmiendas entraron

[11] Para ampliar la información de este apartado, véase *La seguridad en los puertos*, Ricard Marí, Jaime Rodrigo de Larrucea y Álvaro Librán, Marge Books, Barcelona, 2012.

en vigor en 2017,[12] el requisito de realizar la verificación del peso bruto del contenedor como condición para la carga en el buque resulta jurídicamente vinculante desde el 1 de julio de 2016.

A partir de esta fecha, toda entidad expedidora (persona física o jurídica mencionada en el conocimiento de embarque como expedidora o la persona que haya concertado, o en cuyo nombre o por cuenta de la cual se haya concertado, un contrato de transporte de mercancías con una compañía naviera) está en la obligación de verificar el peso bruto de los contenedores llenos, asegurarse de que el peso bruto verificado consta en el documento de expedición y que el mismo se presenta al capitán del buque o a su representante y al representante de la terminal con antelación suficiente, según lo exija el capitán o su representante, para que pueda utilizarse al elaborar el plan de estiba.

3.1   Efectos prácticos

Si se entrega un contenedor en la terminal marítima sin que quien lo expide haya proporcionado el peso bruto verificado o VGM (siglas de *verified gross mass*), el capitán o su representante y el representante de la terminal podrán obtener en nombre de la empresa expedidora el peso bruto verificado del contenedor lleno. Para ello, el contenedor lleno se podrá pesar en la terminal o en otro lugar.

Cuando la actividad de verificación del peso bruto de un contenedor se realice dentro de la zona de servicio de un puerto, dicha actividad puede tener la naturaleza de servicio comercial.

3.2   Ámbito de aplicación

La verificación del peso bruto de los contenedores llenos se aplicarán a todos los contenedores que se rigen por el Convenio Internacional sobre la Seguridad de los Contenedores o CSC *(Convention for Safe Containers)*, de 1972, y que hayan

---

[12] Todos los países firmantes del Convenio SOLAS ha incorporado estas enmiendas a sus normativas legales. En el caso de España, por ejemplo, se hizo a través de la Resolución de 31 de mayo de 2016 emitida por la Dirección General de la Marina Mercante (DGMM), relativa a la verificación de la masa bruta de los contenedores (véase el BOE, núm. 157, de 30 de junio de 2016).

de estibarse a bordo de un buque sujeto al capítulo VI, sobre Transporte de cargas y combustible líquido, del Convenio SOLAS. En la resolución del Comité de seguridad marítima (MSC) de la OMI, se establece que quedan exentos los contenedores transportados sobre un chasis o en un remolque cuando dichos contenedores sean conducidos a o desde un buque de transbordo rodado que efectúe viajes internacionales cortos, según las definiciones que figuran en la regla 3 del capítulo III del Convenio SOLAS.

3.3 Métodos de verificación del peso bruto

- **Método 1:** pesar el contenedor lleno una vez concluidos la arrumazón y el sellado del contenedor; o

- **Método 2:** pesar todos los bultos y elementos de carga, incluyendo el peso de los palés, la madera de estiba y demás material de sujeción que se cargue en el contenedor y añadiendo el peso de la tara del contenedor a la suma de cada masa.

La balanza, la báscula puente, el equipo de izada y los otros dispositivos utilizados para verificar el peso bruto del contenedor deberán estar calibrados por un laboratorio acreditado por la entidad que designe la Administración del país donde tiene lugar la verificación del peso bruto o, en otro caso, por otra entidad reconocida en el ámbito de los acuerdos de reconocimiento mutuo entre organismos acreditadores nacionales.

3.4 Discrepancias entre el peso bruto declarado y verificado

Según las directrices de la OMI,[13] cuando existan discrepancias entre el peso bruto de un contenedor lleno declarado antes de verificarse su peso bruto y su peso bruto verificado, el dato obtenido del peso bruto verificado prevalecerá.

---

[13] Véanse las directrices relativas a la masa bruta verificada de los contenedores con carga, aprobadas por el MSC en su 93º periodo de sesiones (14 a 23 de mayo de 2014), que se contienen en la Circular 1475, de 9 de junio de 2014, de dicho Comité de la OMI, y a las cuales se remite, en su redacción enmendada, la regla 2 del capítulo VI del Convenio SOLAS, para su correcta y efectiva implantación.

La discrepancia debería solucionarse haciendo uso del peso bruto verificado obtenido por la instalación de la terminal portuaria. La discrepancia existe, según se indica en algunas normativas cuando:

- La diferencia del peso bruto obtenida en dos procesos de pesaje distintos sea de 500 kg, en más o en menos, para contenedores cargados con hasta 15 t.
- La diferencia del peso bruto obtenida en dos procesos de pesaje distintos suponga un porcentaje distinto del 5 %, en más o en menos, para contenedores que superen las 15 t.

Capítulo 6
Daños y averías

1 Averías ocasionadas por mojaduras en contenedor cerrado

Las averías de mercancías transportadas en contenedor cerrado tienen un porcentaje muy elevado de reclamaciones por recepción de mercancías dañadas por mojaduras.

El agua que moje las mercancías puede proceder de la lluvia, la nieve, etc., o del mar. La procedencia del agua salada puede ser la embarcada durante la travesía con fenómenos climatológicos adversos o incluso la lanzada a presión por las mangueras del buque para la limpieza de cubiertas. No es frecuente, pero se ha dado el caso de roturas en suspiros de tanques de lastre, lo cual puede provocar cierto nivel de inundación en bodegas de carga[14] y averías en las mercancías transportadas.

De las averías por mojaduras, un alto porcentaje corresponde a las provocadas por agua dulce. Al inspeccionar los contenedores que han provocado algunas reclamaciones se constata que la mayoría cumplen la normativa y son estancos al agua y a la luz. Por ello, la conclusión de dichas averías es que son producidas por la condensación y la posterior precipitación del vapor de agua contenido en la atmósfera del contenedor.

---

[14] Se entiende por suspiro de un tanque el tubo que comunica el tanque con la cubierta principal. La misión del suspiro es conducir el aire que contiene el tanque hacia el exterior cuando se lastra, facilitar los deslastres o achiques de los tanques y, en las operaciones de lastrado, sirve para indicar que el tanque está lleno cuando se observa que el suspiro rebosa.

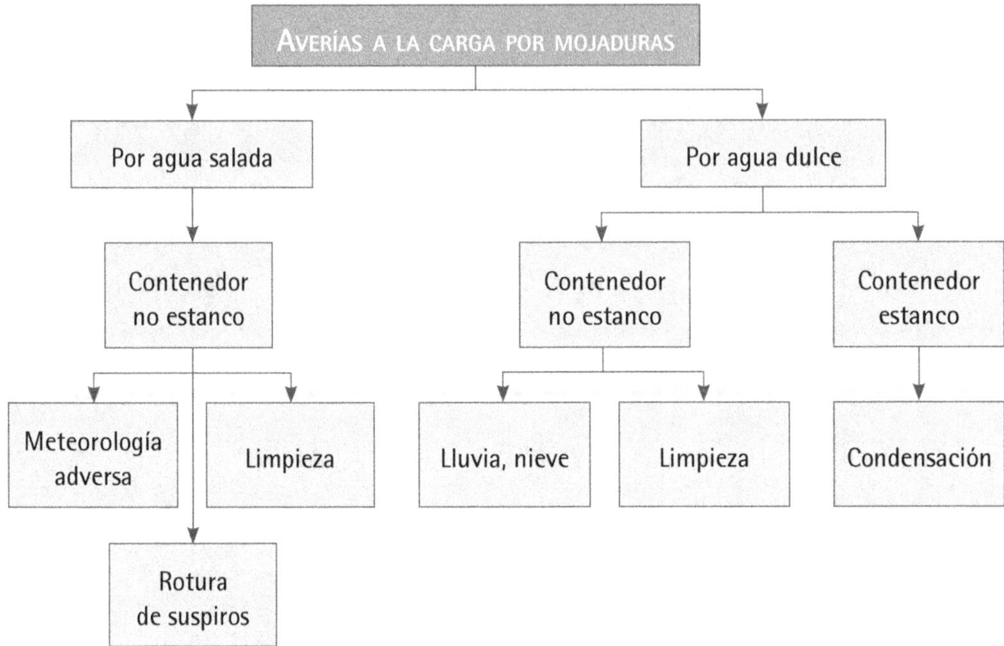

Figura 6.1. Posibilidades que pueden apreciarse en las averías a las mercancías a causa de mojaduras.

1.1   Prevención y protección de mojaduras en contenedor cerrado

Las mojaduras, de acuerdo con lo expuesto anteriormente, pueden proceder del:

- *Exterior* (agentes ambientales). Aunque la causa real puede ser imputable a la no estanqueidad del contenedor y, por tanto, requieren una prevención en acciones de mantenimiento y conservación.

- *Interior.* Corresponden a causas generadas por el «microclima» del interior del contenedor, en el que la prevención debe incluir varias acciones, unas dedicadas a lograr una correcta ubicación del contenedor entre los otros (estabilidad del clima) y la protección de las mercancías sensibles a la humedad mediante procedimientos adecuados.

La humedad produce el moho, la oxidación y la corrosión, que afectan de modo irremediable a los materiales insuficientemente protegidos, muchas veces a consecuencia del distinto o elevado gradiente entre los factores de la humedad relativa que soportan. El transporte por vía marítima se agrava por la elevada salobridad del ambiente, lo que acelera todavía más el proceso de oxidación corrosiva.

1.2 Materiales y productos utilizables como protectores contra la humedad

Los materiales y productos que pueden emplearse como protecciones contra la humedad se dividen en dos tipos:

- *Protecciones simples.* Son utilizadas para proteger las mercancías contra los riesgos de humedad pasajera (por ejemplo, lluvia imprevista durante los transportes terrestres y operaciones de grupaje que pueden provocar una elevada absorción de humedad que luego pasaría al microclima del contenedor) y transportes cuyas mercancías inicialmente no estén sujetas a climas húmedos, pero que después utilicen el transporte marítimo de corta distancia.

- *Protecciones especiales.* Están destinadas a mercancías que vayan a ser transportadas por vía marítima a países con climas tropicales o muy rigurosos, o bien que deban de soportar prolongadas esperas en muelles y puntos de trasbordo o en las zonas de almacenaje en los puntos de recepción.

1.2.1 Materiales para protecciones simples

- **Papeles preparados o tratados**
  Entre la variedad de papeles preparados o tratados para este fin destacan los siguientes: plastificados, parafinados y encerados.
  Los *embreados* y los *asfálticos* se componen de un complejo a base de dos hojas de papel, corriente o *kraft,* las cuales llevan intercalada una capa de brea o asfalto, formando lo que podríamos llamar un bocadillo de papel.
  El *plastificado* es un complejo formado por un papel y una película de plástico adherida.
  Los *parafinados* y *encerados* son papeles impregnados con parafina o cera.
  Los tres detallados en primer lugar suelen utilizarse para forrar interiormente las cajas de madera, y se adhieren, generalmente, con grapas metálicas. Las cajas de cartón preparadas contra la humedad están fabricadas con papel

kraft, que les confiere mayor consistencia, y están tratadas con siliconas u otros preparados hidrófugos.

- **Grasas y aceites**

  Para proteger productos férricos existen diversos tipos de grasas y aceites.

  Debe indicarse que la grasa utilizada como lubricante en la industria no es adecuada para proteger contra la oxidación. Su misión es lubricar y sus componentes pueden ser oxidantes. Lo mismo debe aplicarse a los aceites antioxidantes cuando se pretende utilizarlos como lubricantes.

  Existen grasas y aceites neutros para proteger contra el óxido durante un tiempo corto, aunque se deben tomar ciertas precauciones, como limpiar previamente las piezas que hay que proteger para quitarles todo vestigio de grasa o aceite lubricante. A continuación, se aplica con un pincel, nunca con las manos, la grasa o el aceite neutros.

  Es recomendable envolver con papel parafinado, encerado o plastificado, las partes engrasadas para que se sostenga la grasa y no permitir que el aceite se escurra o se seque.

  Determinadas grasas líquidas pueden aplicarse a pistola o pincel. Contienen un elemento que una vez aplicado se volatiliza y queda una capa de grasa endurecida que se adhiere largo tiempo al elemento protegido. Para su limpieza es necesario utilizar un detergente especial que la elimina totalmente. Este preparado existe también en aceite. La grasa se presenta en diferentes espesores, y deja una capa más o menos gruesa, según se desee.

  Estos preparados pueden utilizarse para proteger maquinaria y sus elementos. También se puede proyectar sobre automóviles, camiones o tractores que se transportan montados y sin embalar por vía marítima.

- **Protecciones pelables**

  Para utillajes y herramientas de corte, fresas, brocas, escariadotes, etc., se utilizan unos preparados especiales a base de componentes plásticos líquido-pastosos, que protegen contra la humedad y que, a su vez, actúan como protectores antichoque del corte, ya que una vez aplicado el producto se endurece, y forma un caparazón grueso, que se elimina con un elemento cortante. Estas protecciones se denominan pelables y su duración es prácticamente ilimitada.

- **Barnices y lacas**

  Estos barnices se utilizan para proteger temporalmente partes lisas de la maquinaria, pulidas o rectificadas, así como cuchillas para guillotinas. Se aplican a pincel o pistola y su limpieza se lleva a cabo con un disolvente. Estos barnices suelen expenderse coloreados en rojo o azul.

1.2.2 Materiales para protecciones especiales

Las protecciones especiales contra la humedad y la corrosión están indicadas para las mercancías que utilicen la vía marítima como medio de transporte, en particular a países con climas tropicales o muy rigurosos, y que, además, han de soportar prolongadas esperas en muelles y puntos de trasbordo y en las zonas de almacenaje, en los puntos de recepción.

También se utilizan para proteger el utillaje y los recambios especiales para la industria pesada, como son los rodamientos y los engranajes de grandes dimensiones, las bombas y los motores eléctricos o térmicos fuera de serie, y en los que las empresas que los producen tienen comprometidos sus programas de fabricación, lo cual obliga a la industria que los utiliza a mantenerlos en sus almacenes, probablemente durante muchos años, hasta cuando les sea preciso disponer de ellos.

Todas las mercancías susceptibles de alteración a causa de la humedad exigen precauciones especiales de protección: los metales se deterioran, los alimentos se descomponen y los productos químicos reaccionan.

Ya sea por la acción directa del agua o por la proliferación de los microorganismos, el moho y los hongos, la causa principal, como ya se ha indicado, es la humedad contenida en el aire.

Las protecciones en este grupo pretenden formar una verdadera barrera a la penetración del vapor del agua, donde la atmósfera interna se mantenga a cierto grado higrométrico que evite la condensación. Son mundialmente conocidas con el nombre de embalajes tropicales.

A estas protecciones, también se les llama protecciones-barrera. Están formadas por unos materiales que se denominan del mismo modo, los cuales forman una verdadera barrera al paso del agua y con los que se pueden formar protecciones completamente herméticas, impenetrables incluso al vapor del agua.

Su aplicación se inició en Estados Unidos durante la Segunda Guerra Mundial, a raíz de las campañas en el Pacífico. Los envíos de armas a través de este océano y de las inmensas junglas donde se desarrollaba el conflicto llegaban a su destino completamente inservibles a causa de la oxidación.

Encomendado el estudio a los equipos técnicos del ejército, el resultado fue la invención de los materiales-barrera y la utilización de su complemento, los deshidratantes. La creación y utilización de estos materiales fue durante años un secreto militar. Pasado un tiempo, estos materiales fueron dados a conocer al sector civil para ser utilizados con fines industriales y, actualmente, están homologados por diversos laboratorios especializados, y se basan en las normas MIL estadounidenses.

- **Complejos termosoldables**

  En sus inicios, se trataba de unos complejos compuestos a base de un soporte de tela de algodón o papel, una película de polietileno de baja densidad, una lámina de aluminio especialmente seleccionada para evitar la porosidad y, finalmente, otra lámina de polietileno de alta densidad.

  Con el complejo se ha de formar una funda o envolvente, de las medidas que convenga, y unir entre sí los anchos necesarios hasta lograr el tamaño deseado que cubra la pieza o el elemento que se debe proteger, dejándolo encerrado dentro de un recinto hermético.

  En la actualidad, la tela de algodón ha sido reemplazada por una película de poliéster o de polietileno biorientado o de polipropileno tejido, que le confiere mayor resistencia mecánica y puede soportar el almacenamiento durante muchos años en climas extremadamente húmedos, que dañarían la tela de algodón, pudriéndola. El nuevo soporte resiste el ataque de las termitas y otros insectos, para los que el algodón y el polietileno son su manjar favorito.

- **Complejos autoadhesivos**

  Se trata de un tejido de trama muy clara, impregnado de una solución a base de cera microcristalina, cuyo contacto sirve para proteger piezas mecanizadas y para obturar orificios en el embalaje de motores marinos, camiones y similares.

  Aunque se haya indicado que esta protección es por contacto, hay que aclarar que se refiere sólo a la denominación que se le da de protección por «momificación», ya que su acabado tiene cierta semejanza con las momias egipcias. Su preparación es como se describe a continuación:

- Primero, se limpia la pieza con un desengrasante y a continuación se le da una capa de aceite neutro y se envuelve con un papel plastificado, para que el aceite no sea absorbido.
- Después, se va envolviendo la pieza con un trozo de complejo autoadhesivo, siguiendo la estructura o forma de esta (de ahí la denominación de «momificación»). Una vez terminada la envoltura, se le aplica un baño de cera líquida, en caliente, para que tape los poros. Cuando se envuelve la pieza, la cera se va uniendo con el calor que aportan las manos, de forma que quedan perfectamente cerradas las uniones de la tela; por este motivo, se denomina «complejo autoadhesivo».

Estos complejos son estancos al vapor de agua y la grasa y sus componentes no son ácidos ni corrosivos. Como se ha indicado, son modelables y adherentes por sus capas de cera.

Combinando complejos termosoldables y sales deshidratantes, se pueden formar protecciones para diez o más años de duración, particularmente destinadas a piezas y accesorios de recambio de instalaciones industriales.

- **Procedimiento *cocoon* (capullo)**
Se utilizó particularmente para la protección de aviones y otras piezas de gran volumen, como los cañones y las ametralladoras antiaéreas. Actualmente, se emplea en la protección de grandes maquinarias. Se llama corrientemente procedimiento «pelable», ya que se trata de aplicar una protección que luego se puede pelar, o arrancar.

La materia prima empleada es un copolímero acetocloruro con disolventes acetónicos, cuya plastificación se retiene mediante el uso de un aditivo que hace que su elasticidad se conserve durante años.

Para los objetos que presentan una superficie multiforme, por ejemplo la maquinaria, es necesario colocar previamente un soporte para poder formar un cascarón de línea continua que envuelva el objeto que se debe proteger. Seguidamente, se proyecta el *cocoon,* el cual va formando una fina película sobre el soporte. El envolvente lo constituyen diversas capas de esta película, cada una de las cuales es de diferente color para que las superficies queden cubiertas por un mismo espesor. Cuando se ha obtenido el grosor necesario, entre 0,6 y 1,5 mm, según sea el tiempo previsto para la duración de la protección, se proyecta la última capa de acabado, que contiene aluminio en polvo que aumenta la resistencia a los rayos solares.

Finalmente, se efectúa una inyección de aire caliente a fin de que deshidrate el ambiente que haya quedado encerrado y se colocan las sales deshidratantes en las cantidades previstas, según la duración de la protección.

- **Unidades de desecación o deshidratantes**

Los deshidratantes son sales tratadas químicamente que tienen la misión de absorber la humedad que haya podido quedar encerrada en el interior de las protecciones estancas, o bien la que se pueda formar por condensación en los cambios bruscos de temperatura. Se utilizan complementando los materiales-barrera, a fin de asegurar su eficacia. Por ejemplo, al estar durante el día a la intemperie, a pleno sol, el embalaje se calienta, y al llegar la noche, al producirse una fuerte bajada de la temperatura, incluso en los países cálidos, puede formarse condensación en el interior del embalaje. Es entonces cuando entran en acción los deshidratantes para absorber la humedad que se haya podido formar.

La presencia de estos materiales en el interior de las protecciones asegura la obtención y el mantenimiento de un ambiente de humedad relativa del 30 %, durante el tiempo en que esté prevista la eficacia de la protección.

Estas sales se presentan granuladas y en polvo. El tipo más usual es el granulado y su tamaño responde a unas normas muy definidas. Deben rechazarse aquellas que al absorber la humedad queden licuadas y es preferible el deshidratante que permite ser coloreado con sales de cobalto. Varían gradualmente de coloración del azul al rosa a medida que aumenta la humedad, lo que permite ver el momento en que ha alcanzado la saturación y el material deshidratante queda inservible.

Su uso se ha generalizado y se encuentran en envases de todo tipo, como en algunos medicamentos, presentados en forma de tabletas o grageas, en los que el tapón del envase contiene un depósito agujereado por su parte interior, dentro del cual hay unos pequeños gránulos que absorben la humedad que queda dentro del frasco cada vez que este se destapa.

Existe otro deshidratante empleado en el sector industrial. Se trata de arcilla activada químicamente, utilizada para embalajes no recuperables, o sea, los destinados a la exportación.

Las normas que existen sobre los materiales deshidratantes varían según su procedencia.

— *Norma francesa*

Los materiales deshidratantes descritos responden a las exigencias de la norma francesa GAM, medidas en Emb.OI.H, cuya unidad es la masa de producto capaz de absorber a 20 °C ± 3 °C, y en las atmósferas húmedas definidas las cantidades de agua indicadas en la tabla 6.1.

El volumen aparente de esta unidad debe ser inferior a 600 cm^3.

— *Norma norteamericana*

Los materiales utilizados responden a la norma norteamericana MIL D3464D, cuya unidad es la cantidad de deshidratante capaz de absorber, con un equilibrio en el aire de 25 °C, las cantidades mínimas de vapor de agua que se indican en la tabla 6.2.

La unidad deshidratante no debe presentar un peso superior a 35 g ni un volumen superior a 45 cm^3.

Comparando las normas francesa y norteamericana, el valor de la unidad deshidratante norteamericana es, aproximadamente, 16 veces menor que la unidad francesa.

Atmósfera húmeda (HR)	Cantidad de agua absorbida (en g)
20%	60
30%	80
40%	100

Tabla 6.1. Cantidades de agua que deben absorber los deshidratantes según la norma francesa.

Atmósfera húmeda (HR)	Cantidad de agua absorbida (en g)
20%	3
40%	6

Tabla 6.2. Cantidades de agua que deben absorber los deshidratantes según la norma norteamericana.

La cantidad de deshidratante que hay que aplicar, según norma MIL (véase la tabla 6.3), depende de los siguientes factores:

- De la permeabilidad del material utilizado como envolvente impermeable (PVC, polietileno o complejo termosoldable).
- De la superficie de la envoltura impermeable.
- Del peso de los materiales de sujeción encerrados en la envoltura (travesaños, viruta, papel, cartón, etc.), ya que estos materiales son higroscópicos y contienen cierta cantidad de humedad que pueden despedir cuando la temperatura ambiente se eleva.
- Del volumen de aire incluido en el embalaje en el momento del cierre de este. Este aire puede contener una cantidad apreciable de vapor de agua.
- Del tiempo de almacenamiento del material colocado en el embalaje. Como consecuencia del coeficiente de permeabilidad de la envoltura, la cantidad de vapor de agua que penetrará en la protección será proporcional a la duración del almacenamiento.

— *Norma alemana*

La norma DIN que ampara dichos materiales es la 45.473. Los deshidratantes se presentan en bolsas de papel poroso de los siguientes tamaños: 1, 1/2, 1/4, 1/8, 1/16, 1/32 unidades.

COMPLEJO TERMOSOLDABLE, SEGÚN LA NORMA MIL		
Modo de transporte	**Tiempo**	**Cantidad por m² de envolvente**
Transportes terrestres	3 meses	1 saquito de 1/8 unidad
	6 meses	1 saquito de 1/4 unidad
	1 año	1 saquito de 1/2 unidad
Transportes marítimos	3 meses	1 saquito de 1/4 unidad
	6 meses	1 saquito de 1/2 unidad
	1 año	1 saquito de 1 unidad

Tabla 6.3. Cantidades de deshidratante que se deben aplicar según la norma norteamericana MIL.

– *Utilización de los deshidratantes en el embalaje industrial*

Los deshidratantes complementan los materiales-barrera y sus efectos son nulos si estos últimos no se utilizan. No todos los materiales-barrera ofrecen la misma resistencia al paso de la humedad, y ello se compensa con la aplicación de una mayor o menor cantidad de deshidratante, según el envolvente que se utilice.

Su uso está indicado para la protección de toda clase de maquinaria, equipos electrónicos, aparatos de fotografía, de óptica y de precisión, cuya oxidación los dejaría inservibles. También en artículos del ramo de la alimentación, particularmente chocolates, bombones, galletas, etc., y en el sector químico-farmacéutico, donde quizá tiene más aplicaciones este material.

Los saquitos de deshidratante deben inmovilizarse en el interior de las protecciones, ya sea acuñándolos con material de almohadillaje (papel, cartón o boata), o atándolos directamente al elemento.

La aplicación de las cantidades en el ámbito europeo con material-barrera constituido por una película de polietileno se indica en la tabla 6.4.

Para contrarrestar la humedad aportada por los materiales de sujeción o acondicionamiento, tales como los travesaños de madera, la viruta, etc., hay que añadir tres saquitos de una unidad por cada kilogramo de material empleado.

Tráfico	Tiempo	Cantidad de envolvente por m²
En la península Ibérica	3 meses	1 saquito de 1/4 de unidad
	6 meses	1 saquito de 1/2 unidad
	1 año	1 saquito de 1 unidad
Envíos a ultramar	3 meses	1 saquito de 1/2 unidad
	6 meses	1 saquito de 1/2 unidad
	1 año	2 saquitos de 1 unidad

Tabla 6.4. Cantidades de deshidratante que se debe aplicar en el ámbito europeo con material-barrera constituido por una película de polietileno.

2   Mercancías aplastadas

Las reclamaciones por recepción de mercancías aplastadas son relativamente frecuentes en los contenedores de grupaje consolidados con partidas de distintos cargadores-receptores. En este tipo de averías, el porcentaje aumenta cuando se trata de mercancías transportadas en cajas de cartón.

Esta avería suele ocurrir durante las operaciones de consolidado del contenedor al colocar una partida pesada encima de una partida liviana con embalaje endeble.

Durante el transporte, el peso de la mercancía colocada en la parte superior de la estiba aplastará una parte o la totalidad de la mercancía estibada en la zona inferior del contenedor, siempre que el embalaje de esta última sea insuficiente.

Este efecto se potenciará cuando el transporte se lleve a cabo por mar y el buque se encuentre con meteorología adversa. El oleaje puede provocar fuertes bandazos y cabezadas, con el consecuente incremento de inercias y movimientos de las mercancías transportadas en los contenedores.

Los daños ocasionados pueden incluir desde la deformación y rotura de los embalajes y precintos, hasta daños directos al contenido transportado.

Para evitar lo máximo posible estos daños se deben tomar las siguientes medidas preventivas:

- No estibar en un contenedor mercancías pesadas sobre mercancías livianas, a no ser que los embalajes de estas últimas sean suficientemente resistentes.
- Siempre que sea posible, se deberá tener referencia previa del volumen, las formas, los pesos, las cantidades y el contenido de todas las partidas que se hayan de estibar en el contenedor, a fin de poder efectuar un plan de estiba con la suficiente antelación.
- Cuando se trate de mercancía pesada, se remontará la estiba hasta una altura de seguridad a fin de no dañar la mercancía dispuesta en la parte inferior. Se remontará sobre la mercancía pesada con mercancía de poco peso siempre que eso sea posible.
- En caso de no disponer de mercancía liviana para remontar, es preferible una pérdida de espacio de estiba que provocar daños al excederse de peso en altura.

3   Movimiento de la carga dentro del contenedor

Otra avería frecuente en el transporte de mercancías en contenedor es el movimiento de la carga dentro del mismo. El resultado de ese movimiento se traduce en roturas y aplastamiento de embalajes, daños en el contenido, vertido de líquidos, etc..

Cuantos menos espacios vacíos se dejen en el contenedor menor será el riesgo de que se mueva la carga transportada. Cuando el tipo de carga transportada obligue, bien por peso o bien por forma, a dejar espacios vacíos en el contenedor, se debe ejecutar un buen trincaje de la mercancía para evitar movimientos que puedan dañarla durante el transporte.

La principal causa de los movimientos de mercancías dentro del contenedor es la estiba incorrecta de las mismas.

- *Longitudinalmente.* La figura 6.2 representa de forma esquemática la deficiente distribución longitudinal de una carga, con vacíos y falta de rellenos, y la solución consistente en llenar los espacios con otras cargas, utilizando madera de estiba u otros elementos de relleno.

- *Transversalmente.* En la figura 6.3 se observa la deficiente distribución transversal de una carga, con vacíos entre esta y las paredes del contenedor, solucionado con procedimientos alternativos de filas o con el uso de elementos de relleno.

El llenado de los contenedores debe efectuarse con procedimientos especializados, de manera que las mercancías sufran los menos riesgos posibles hasta su descar-

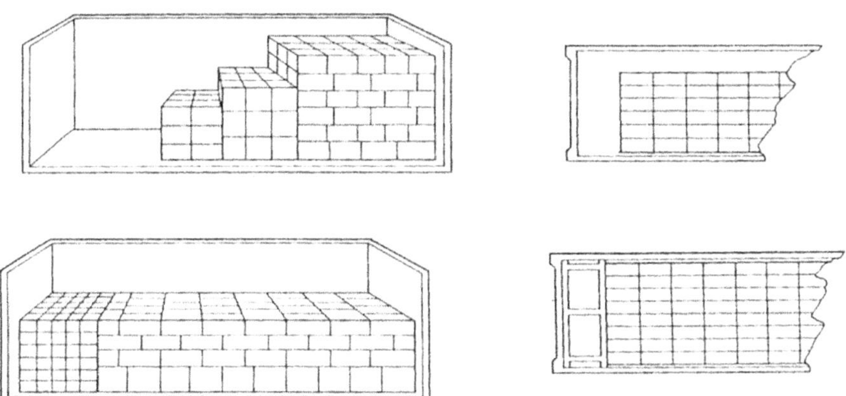

Figura 6.2. Una deficiente distribución longitudinal de la carga puede subsanarse llenando los espacios con otras cargas o con elementos de relleno.

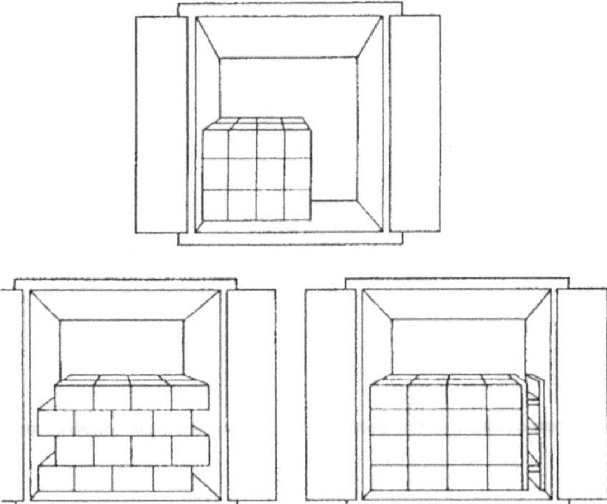

Figura 6.3. Deficiente distribución de una carga transversal, subsanada mediante la alternancia de las filas o con el llenado de los espacios vacíos.

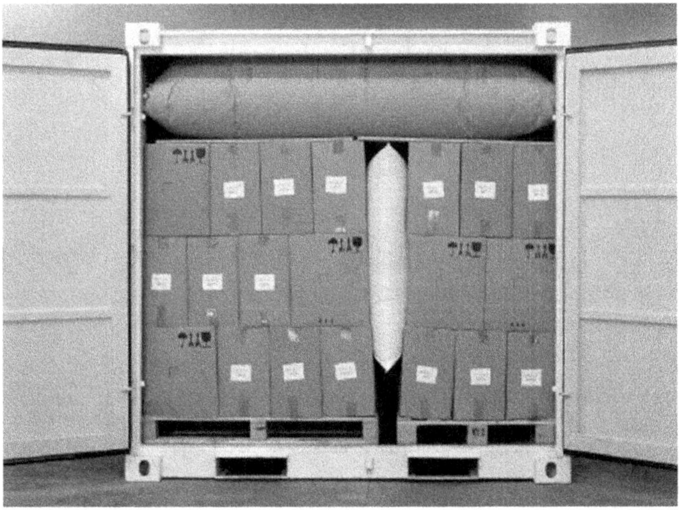

Figura 6.4. Fijación de la carga mediante bolsas inchables para el llenado de espacios vacíos.

ga en destino. Para ello, entre los elementos de relleno existen los cojines hinchables, cuya aplicación se observa en la figura 6.4.

La figura 6.5 muestra una incorrecta estiba de cargas no paletizadas, al colocar mercancía poco resistente en la base, y la corrección mediante una estiba adecuada.

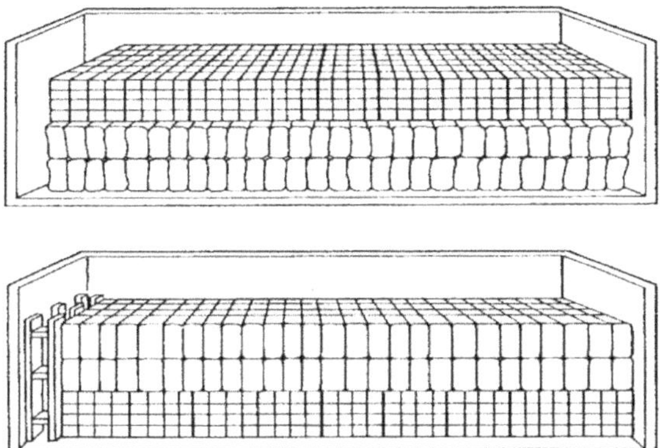

Figura 6.5. Estiba incorrecta (arriba) y su corrección, con las cargas más resistentes en la base (abajo).

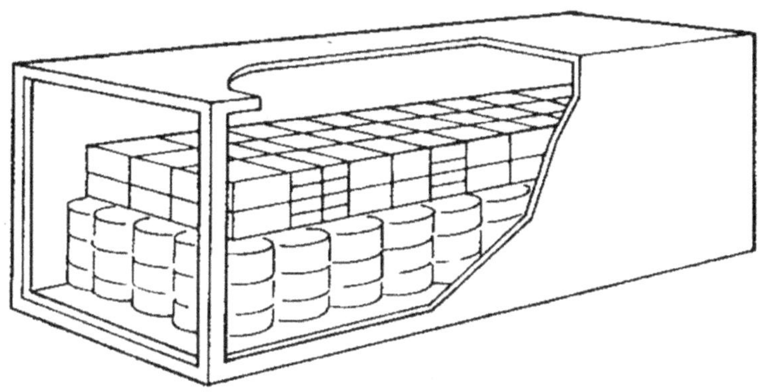

Figura 6.6. Estiba correcta de un contenedor con barriles y bultos en su interior.

En la figura 6.6 se representa una correcta estiba, consistente en este caso en colocar los barriles con líquidos en el suelo del contenedor y encima de estos los bultos con embalajes menos resistentes. De este modo, a su vez, si se produjese algún tipo de fuga o derrame del contenido de los barriles, la mercancía empaquetada no sufriría los daños por el contacto con posibles líquidos o humedades.

4   Faltas y robos de mercancía

Una de las ventajas que ofrece el transporte en contenedor es la seguridad ante los robos. Los contenedores, una vez consolidados, se precintan con un sello de seguridad (véase la figura 5.1, en el capítulo anterior). Dichos sellos están numerados y se hace constar esa numeración en la documentación que ampara al contenedor. Una vez este llega a su destino, se comprueba que el precinto no haya sido destruido y que su número coincida con el de la documentación, verificando de esta manera que el contenedor no haya sido manipulado.

En ocasiones, no coincide el número de bultos de la mercancía manifestada en la documentación con el número de bultos de la mercancía recibida. Esto se puede achacar a errores de la documentación en origen o bien a un robo en el momento de la consolidación del contenedor.

Por su parte, durante las operaciones de vaciado del contenedor en destino, también se pueden detectar faltas de mercancía en cajas que hayan sido desprecintadas en origen. Si se trata de un contenedor de grupaje, este se desconsolida habitualmente en la terminal del puerto de destino, y en el período de tiempo que va desde la apertura del contenedor hasta que las mercancías llegan a su destinatario también se dan casos de faltas en destino.

El control y la vigilancia en las manipulaciones, y en la carga y descarga de las mercancías en los contenedores, es la única solución para evitar las faltas de contenido. Dichos controles son cada día más rigurosos y las empresas y las autoridades portuarias conceden a este aspecto una especial importancia, por lo que significa en cuanto a la calidad de su gestión y la competitividad respecto a otros puertos de su entorno.

En este sentido, las autoridades portuarias, a través de sus departamentos de sistemas de calidad, publican periódicamente informes con el detalle de las incidencias que se hayan producido en las terminales, con el fin de que puedan evaluarse las distintas situaciones y se adopten las medidas preventivas y correctoras necesarias.

5   Incendio

El incendio de un contenedor es un incidente poco frecuente, pero resulta extremadamente peligroso, sobre todo al considerar la posición de un contenedor en la estiba de otros muchos, la dificultad que puede suponer llegar hasta él, la enorme dificultad para intervenir, al no poder acceder con facilidad al foco de ignición o a la causa principal del incendio y lo que ha de significar la propagación del fuego hacia los contenedores inmediatamente contiguos al afectado. No es sólo una avería o un daño a la mercancía, sino un accidente marítimo de consecuencias imprevisibles.

Las causas que pueden generar el incendio son de diversa índole: las características propias de la mercancía en cuanto a su estabilidad física y química, el hecho de estar consolidado con mercancías en un principio inocuas, pero cuyos vapores pueden generar una oxidación espontánea, oxidación interna del contenedor, derrames, falta de ventilación que pudiera requerir la mercancía, descuidos de los operarios en la estiba de la mercancía, fuentes externas de extrema temperatura, y un largo etcétera clásico de la casuística de los incendios que sería ampliamente aplicable para los contenedores.

6   Daños diversos

Finalmente, existe la posibilidad de que se produzcan numerosos daños debido a la negligencia, el descuido o la falta de rigor en la manipulación de las mercancías cuando fueron consolidadas o desconsolidadas, o al ser depositadas desde una altura considerable e inadecuada para la resistencia estructural del envase o la fragilidad del contenido. La casuística de estos daños es sumamente amplia y de difícil parametrización.

Capítulo 7
Régimen jurídico del transporte marítimo de contenedores

1 El Régimen de responsabilidad del operador de transporte multimodal en relación a los contenedores

El fenómeno de la contenerización en el transporte nacional e internacional de mercancías ha planteado la necesidad de que exista un régimen jurídico unitario. Esta circunstancia, ligada a la evolución del mercado, ha supuesto la transformación de las compañías navieras tradicionales en empresas operadoras de transporte multimodal (OTM), y el desarrollo de este tipo de transporte a partir de los clásicos esquemas del negocio y el derecho marítimos.

El régimen de responsabilidad en el transporte multimodal ha tenido como presupuesto básico en los diferentes proyectos de convenios y fuentes legales la emisión de un «documento de transporte multimodal» (DTM), que determina la obligación que asume la empresa porteadora y la aplicación del régimen de responsabilidad propio y autónomo de este tipo de transporte.

En la legislación española,[15] por ejemplo, se remite el citado documento, expresión del contrato de transporte multimodal o combinado, al régimen jurídico del conocimiento de embarque:

---

[15] Ley de Navegación Marítima (LNM), de 2014, art. 267, del documento del transporte multimodal.

«Al documento de transporte entregado por un porteador, o por un agente que actúe en su nombre con poder suficiente, en un transporte multimodal o combinado le serán de aplicación las normas establecidas en esta ley para el conocimiento de embarque».

La tradicional aspiración unitaria, materializada en un nuevo modelo de responsabilidad que proporcione un marco jurídico a la actividad de transporte multimodal, solo ha conseguido parcialmente los efectos deseados, pues el tradicional desequilibrio de intereses entre empresas cargadoras y porteadoras y la ampliación de los supuestos de responsabilidad, no han sido aceptados ni por estas últimas ni por los propios Estados.

1.1   Origen y evolución de la responsabilidad en el derecho del transporte

El desarrollo de los regímenes de responsabilidad de las navieras es una buena muestra de la contraposición de intereses de las empresas cargadoras y las porteadoras marítimas, inclinándose los sistemas de responsabilidad a lo largo de la historia a favor de una o de otra, si bien todos ellos parten de la tradicional responsabilidad *ex recepto* de la naviera, acuñada por el derecho romano: la empresa porteadora responde por la pérdida o el daño en la carga, con independencia de que su actuación sea diligente o negligente en la custodia de la mercancía.

En una etapa posterior, rigió en el comercio marítimo un principio fundamental, según el cual en la relación entre la naviera y las compañías aseguradoras, la empresa propietaria de las mercancías debía ser protegida contra toda pérdida. Las mercancías a bordo del buque estaban plenamente aseguradas contra toda clase de riesgos. Sin embargo, las navieras fueron limitando paulatinamente su responsabilidad por medio de la utilización de cláusulas de exoneración insertas en los conocimientos de embarque y, a finales del siglo XIX, se llegó prácticamente a la situación inversa: la irresponsabilidad de la empresa porteadora por daños o pérdidas en la mercancía, basada en la libertad contractual de las partes, dejando a las empresas cargadoras desprotegidas de facto.

Esta situación de desequilibrio y la consiguiente inseguridad para las empresas comerciantes, provocó en Estados Unidos (país en el que primaban los intereses de estas sobre los de las navieras) la promulgación de la Harter Act, en 1893, con la intención de establecer una legislación más protectora para sus intereses, que suponía un compromiso entre intereses opuestos, al contener una larga lista de cláusulas que excluían la responsabilidad de la naviera a cambio del establecimiento de un régimen legal de responsabilidad imperativa en el resto de los supuestos.

1.1.1 Las reglas de la Haya, 1924

A principio de la década de 1920, las partes interesadas mantuvieron conversaciones con el fin de llegar a un acuerdo internacional. Culminaron en 1924 con la conferencia diplomática que elaboró en Bruselas el Convenio Internacional para la Unificación de Ciertas Reglas en materia de Conocimiento de Embarque; las comúnmente denominadas «Reglas de la Haya».

Los principios generales de este acuerdo son:

- *Obligaciones de la naviera:* efectuar el traslado de la mercancía y procurar su custodia.
- *Responsabilidad de la naviera:* será responsable de todas las pérdidas o los daños que ocurran a las mercancías y tendrá ocasión de ejercitar la exoneración de responsabilidad si los daños son producidos por faltas náuticas de sus dependientes, por incendio o por cualquier otra causa de las contenidas en el artículo 8.
- *Limitación de responsabilidad:* 100 libras por bulto o unidad.
- Por su parte, la empresa cargadora será responsable de las pérdidas o los daños sufridos por la naviera o el buque cuando exista acto o falta propia o de sus dependientes.

El convenio entró en vigor en 1931 y cuenta en la actualidad con 72 Estados parte.

1.1.2 Las reglas de la Haya-Visby, 1924-1968-1979

Las reglas de la Haya han sufrido dos modificaciones importantes. La primera, a través del Protocolo de Bruselas de 1968, que afectó a las reglas de responsabilidad del porteador y su ámbito de aplicación. En 1967-1968 se celebró una conferencia en Bruselas que adoptó el llamado Protocolo de Visby, que modificó cinco de los dieciséis artículos originales del Convenio de 1924. La segunda, el Protocolo de Londres de 1979 sustituye el patrón oro para establecer el límite de responsabilidad por una moneda de cuenta, el derecho especial de giro (DEG).

En cuanto al ámbito de aplicación, sobre la base del criterio de las reglas de la Haya (que el conocimiento de embarque se hubiese emitido en un Estado miembro), añade dos criterios más: que la carga se localice en el puerto de un Estado miembro, y la remisión voluntaria de las partes a través de la cláusula *Paramount* inserta en el conocimiento de embarque.

Los objetivos fundamentales de las Reglas de la Haya-Visby son:

- Establecer una unificación internacional respecto al tráfico marítimo y el comercio internacional (art. 10).
- Procurar una solución de los litigios en un plazo de tiempo más breve [fija un plazo de un año para la prescripción de las acciones (arts. 3, 6)].
- Regular los derechos de las navieras.
- Nivelar los intereses de empresas cargadoras y porteadoras, definiendo los límites de las cláusulas de exoneración de responsabilidad de la naviera, en un primer intento de corregir la desigualdad contractual entre ambas partes.

Las principales innovaciones de este convenio respecto a su predecesor son los criterios de limitación de responsabilidad y su ámbito de aplicación.

Para el cálculo de la cifra de limitación de responsabilidad establece un doble criterio, el valor máximo por bulto o unidad o el valor máximo por kilogramo de peso bruto (art. 2, a).

En cuanto al valor de las mercancías para fijar la limitación de responsabilidad, se considerará su valor en el lugar de la descarga o en el momento y fecha en que debieron ser descargadas según el contrato (art. 2, b). Si se prueba que el daño causado es debido a una conducta dolosa de la naviera, no podrá limitar su responsabilidad (art. 2, e).

Qué es el derecho especial de giro (DEG)

Unidad monetaria del Fondo Monetario Internacional (FMI) en que se expresan los límites máximos de indemnización por las responsabilidades en el transporte internacional de mercancías. Un DEG equivale a 1,2-1,4 € o 1,54 USD (véase código QR).

Se modifica la esfera de aplicación del convenio predecesor. Al requerir que el conocimiento se formalice en un país contratante, el transporte debe tener carácter internacional y el contrato se ha de regir por las normas del convenio o por cualquier legislación que la aplique o dé efecto (art. 5).

El convenio se aplica a relaciones contractuales o extracontractuales y a las reclamaciones contra las personas empleadas y dependientes de la naviera. En estos casos, la responsabilidad no excederá del límite máximo fijado por el convenio. Cuando los daños sean causados dolosamente, dichas personas no tendrán derecho a limitar su responsabilidad (art. 3).

1.1.3 Las Reglas de Hamburgo, 1978

Los problemas derivados de la aplicación de las Reglas de la Haya-Visby motivaron la creación de un grupo de trabajo por la Conferencia de las Naciones Unidas para el Comercio y el Desarrollo (Unctad) para estudiar la regulación del transporte marítimo. Los resultados se trasladaron a la Comisión de las Naciones Unidas para el Derecho Mercantil Internacional (Uncitral), que elaboró un proyecto de convenio, aprobado en la Conferencia de las Naciones Unidas celebrada en Hamburgo en 1978.

Las Reglas de Hamburgo, en relación con el Convenio de Bruselas de 1924, significan, una distribución del riesgo más equilibrada. El nuevo sistema supone un régimen de responsabilidad más riguroso con la empresa porteadora al suprimirse las tradicionales faltas náuticas como causas de exoneración de responsabilidad, respondiendo esta no solo por los daños y las pérdidas en las mercancías sino también por el retraso en la entrega. Por ello y aun teniendo en cuenta su escasa incidencia en los países desarrollados en la actualidad, puede afirmarse que se ha producido un mayor equilibrio entre las partes interesadas en el transporte marítimo.

Para exonerarse de responsabilidad, la empresa porteadora debe demostrar que ha mantenido la debida diligencia en todo momento y no solo al comienzo del viaje e incluso es responsable en el caso de que no sea ella quien efectúe el transporte y de que sea sustituida total o parcialmente por otra.

Hablamos de retraso en la entrega cuando las mercancías no son entregadas en el puerto de descarga previsto en el contrato de transporte marítimo dentro del plazo acordado, o del que sería razonable exigir de un porteador diligente (art. 5.2).

La empresa porteadora está obligada a emitir un conocimiento de embarque que tiene un valor probatorio privilegiado.

El valor máximo de las reclamaciones se cifra en 835 DEG por bulto o unidad o 2,5 DEG por kilogramo, a elección de la persona reclamante. La responsabilidad de la empresa transportista por retraso está limitada a un importe equivalente a 2,5 veces el valor del flete de la mercancía retrasada (art. 6.1, b). El importe reclamado por este concepto no podrá ser superior al flete total debido bajo el contrato de transporte.

Las Reglas de Hamburgo, a pesar de haber entrado en vigor, solo fueron ratificadas por países cargadores y no han gozado de una aplicación universal.

1.1.4   El Convenio de Transporte Multimodal, 1980

La necesidad de una regulación a escala internacional sobre transporte multimodal en un contrato único ha sido planteada para superar las diferencias entre los esquemas legislativos que rigen a escala nacional en cada país para los distintos tipos de transporte (marítimo, aéreo y terrestre), que han sido objeto de convenios internacionales independientes, aceptados y ratificados por un número variado de países.

Otro hecho decisivo ha sido el gran auge en las últimas décadas del transporte mediante contenedores. La mayor parte del tráfico de carga general se transporta contenerizado mediante transporte intermodal entre terminales terrestres con un único contrato que cubre la totalidad del transporte concertado con una operadora de transporte multimodal (OTM). Aun presentando semejanzas con los transportes unimodales, se diferencia de ellos por la limitación de responsabilidad aceptada por la OTM por pérdida, daños, o retraso en la entrega de la mercancía durante el transporte.

Tras varios proyectos de convenios internacionales reguladores, en 1973 la Unctad se hizo cargo de los estudios sobre transporte combinado de mercancías. Se creó un grupo preparatorio intergubernamental que diseñó en 1979 un proyecto de convenio que fue aprobado en conferencia diplomática en Ginebra el 24 de mayo de 1980. Sin embargo nunca ha entrado en vigor por falta de ratificaciones.

Según el artículo 16 del convenio de 1980, la OTM es responsable de los perjuicios que se ocasionen a las mercancías si los hechos que dieron lugar a estas pérdidas ocurrieron cuando la mercancía estaba bajo su custodia, a menos que pueda probar que él, las personas empleadas y dependientes o sus agentes tomaron todas las medidas oportunas para evitar el hecho causante y sus consecuencias. Este criterio es muy parecido al establecido en las Reglas de Hamburgo. La responsabilidad se basa en el principio de falta o negligencia presunta y la carga de la prueba recae sobre la OTM, quien deberá probar que él o, aquéllos de los cuales él responde, actuaron razonablemente para evitar el daño ocurrido durante su custodia.

1.1.5   Las Reglas Unctad/ICC, 1991

La falta de ratificación de este convenio ha hecho que sean las propias prácticas del mercado plasmadas en los documentos emitidos en base a las reglas de la Unctad/ICC, 1991, las que hayan diseñado un modelo de responsabilidad sobre el esquema tradicional de las Reglas de la Haya-Visby. Las Reglas Unctad/ICC relativas a los Documentos de Transporte Multimodal (Publicación n.º 481) entraron en vigor en 1992, siendo elaboradas por la Unctad y la Cámara de Comercio Internacional (CCI o ICC, siglas de *International Chamber of Commerce)*, quedando desfasadas las anteriores Reglas ICC 73-75 y también porque el Convenio de las Naciones Unidas sobre Transporte Multimodal Internacional de Mercancías (Ginebra, 1980) todavía no ha entrado en vigor. Los documentos más conocidos, emitidos al amparo de las citadas reglas y utilizados ampliamente en el mercado son el *Fiata Multimodal Transport B/L*; el *UN Multidoc Multimodal Transport B/l 95* y el Combiconbill 95.

1.1.6   Las Reglas de Rotterdam, 2008

El Convenio de las Naciones Unidas sobre el contrato de transporte internacional de mercancías total o parcialmente marítimo (Nueva York, 2008) es conocido como las Reglas de Rotterdam.

El Convenio, adoptado por la Asamblea General en 2008, establece un régimen legal uniforme por el que se regulan los derechos y obligaciones de los cargadores, porteadores y destinatarios sujetos a un contrato de transporte de puerta a puerta que comprenda un tramo internacional por vía marítima. El convenio desarrolla y moderniza antiguos convenios que regían el transporte internacional de mercancías por mar, en particular, el Convenio internacional para la unificación de ciertas reglas en materia de conocimientos de embarque, conocido como las Reglas de la Haya (Bruselas, 1924) y sus Protocolos (las Reglas de La Haya-Visby), y el Convenio de las Naciones Unidas sobre el transporte marítimo de mercancías, también llamado las Reglas de Hamburgo (Hamburgo, 1978).

Las Reglas de Rotterdam ofrecen un marco jurídico en el que se tienen en cuenta novedades tecnológicas y comerciales que se han producido en los transportes marítimos desde que se adoptaron esos antiguos convenios, concretamente el aumento del transporte en contenedor, el deseo de unificar en un único contrato el transporte de puerta a puerta y la aparición de los documentos electrónicos de transporte. El convenio ofrece a las empresas cargadoras y porteadoras un régimen universal vinculante y equilibrado que regula el funcionamiento de los contratos marítimos de transporte que puedan comprender otros modos de transporte. Se trata de un texto que aún no está en vigor, porque si bien hay más de veinte estados firmantes, tan solo España, Camerún y Togo están adheridos formalmente. Tal falta de ratificaciones asegura una larga vida a las conocidas Reglas de la Haya-Visby.

1.2   Los sistemas de responsabilidad en el transporte multimodal

1.2.1   Sistema reticular o de red (network)

Es el más usual en todos los supuestos en los que la OTM asume la responsabilidad por la ejecución del transporte de mercancías efectuado por más de un modo de transporte, en un servicio puerta a puerta. La OTM es responsable por la pérdida, el daño o el retraso en la entrega de las mercancías durante el transporte, en la misma extensión que sus subcontratantes parciales cuando se conoce en qué fase del transporte ocurrió el daño. Es decir, se respetan y aplican íntegramente las disposiciones peculiares de cada tramo del transporte. En caso de daños no localizados, se aplicará la norma uniformemente establecida por las reglas de transporte multimodal.

En una primera etapa, el originario *network bill of lading* (conocimiento de embarque para transportes directos basados en el sistema *network)* disponía que la responsabilidad por perjuicios a la carga se regulaba según las previsiones de las Reglas de la Haya, el convenio CIM, el convenio CMR o el convenio de Varsovia, según correspondiese. Pero, en el caso de que el lugar de la pérdida no fuese conocido se aplicarían las Reglas de la Haya.

Otras normas, tales como el proyecto de convención TCM o las propias Reglas Unctad/ICC, han limitado el respeto a los regímenes propios de cada fase del transporte al estricto plano general y han unificado cuestiones concretas, como plazos de reclamación y acciones que podían originar incertidumbres. El sistema reticular fue posteriormente perfeccionado y el régimen específico de responsabilidad de la

OTM se aplicó tanto en los casos de daños no localizados como en aquellos otros en los que la responsabilidad no era imputable exclusivamente a una fase determinada del trayecto.

Por lo demás, la responsabilidad se regirá por las reglas que se aplicarían si la empresa cargadora hubiera contratado directamente con la porteadora en cuya fase se produjo el daño. Si esas reglas imperativas no existen, la responsabilidad se fijará de acuerdo con el convenio internacional relativo a cualquier tipo de transporte al que hayan apelado expresamente las partes, incorporándolo en el documento.

1.2.2   Sistema uniforme

Al igual que en el sistema reticular, la OTM asume la responsabilidad por la ejecución del transporte efectuado por dos o más modos de transporte. La diferencia estriba en que en este caso es responsable por la pérdida, el daño o el retraso en la entrega de las mercancías que sucede durante tal transporte, pero solo hasta un determinado nivel estipulado en la convención aplicable, indistintamente del modo en el cual ocurrió la pérdida o el daño y de si este está localizado o no. También tiene la posibilidad de recurrir a las limitaciones de responsabilidad previstas en el convenio.

Se trata de establecer una responsabilidad *ex novo* para la OTM, que no tiene por qué coincidir con la correspondiente a cada fase del transporte. Consiste en la creación de normas y principios de aplicación singular y exclusiva a la empresa transportista que unifican todos los elementos característicos de su responsabilidad (límites de responsabilidad, ejercicio de acciones, plazos, etc.). Su interés estriba en que es un paso significativo hacia la unificación de la disciplina jurídica del transporte, iniciando ese movimiento desde la perspectiva del transporte combinado, y que conlleva a una consideración autónoma de la noción de «porteador» respecto de la titularidad de los medios empleados.

1.2.3   Sistema de extensión de responsabilidad (switchback)

Este sistema consiste en la ampliación de los principios que rigen un modo de transporte a los demás modos. La complejidad producida por la diversidad legislativa aplicable al transporte multimodal se reduce mediante la adopción de este sistema.

Su origen está en el conocimiento de embarque *switchback (switchback bill of lading)*, que especificaba que durante la fase del transporte marítimo se aplicarían las Reglas de la Haya, pero durante el tránsito el porteador aceptaría la misma limitación de responsabilidad que habría existido si cada subporteador hubiera hecho un contrato por separado directamente con la empresa cargadora sobre la base de las condiciones y cláusulas de la parte subcontratante respecto a su tramo en el transporte total. Si no se pudiera establecer en qué fase del transporte ocurrió el daño, se estimaría ocurrido durante el transporte por mar por lo que se aplicarían las Reglas de la Haya.

Las posibilidades prácticas de este sistema las encontramos en diversos convenios internacionales de transporte unimodal, tales como el CIM o el CMR y en la propia operativa del tráfico, por ejemplo, en el transporte de carga unitizada en el Atlántico Norte.

1.3 Ámbito de la responsabilidad

La obligación de la empresa operadora de transporte multimodal es llevar a cabo el transporte de una mercancía que le ha sido entregada en un punto, a partir del cual está bajo su custodia, hasta otro punto donde debe entregarla, haciéndose cargo de organizar los distintos tipos de transporte que sean necesarios.

Durante todo el período del transporte, la OTM será responsable de todo perjuicio originado por el daño, la pérdida y el retraso en la entrega, a menos que demuestre que se adoptaron todas las medidas necesarias para evitar estas averías.

Estas tres circunstancias, la pérdida, el daño y el retraso en la entrega, son las que de un modo general dan lugar a perjuicios para el propietario de la carga. La pérdida o el daño puede implicar la depreciación total o parcial, pero en todo caso permanente de las mercancías. La pérdida o el daño implican pérdida física y habitualmente económica. Sin embargo, cuando el daño es solo económico y está causado por la devaluación temporal de las mercancías, la pérdida debe ser considerada como retraso.

1.3.1 Pérdida de la mercancía

Entendemos por pérdida total de la mercancía su destrucción o desaparición y esta puede ser efectiva o presumible.

La pérdida total efectiva *(actual loss),* según la Marine Insurance Act de 1906 (art. 56.1), se produce cuando existe destrucción de la mercancía o los daños son tales que, la hacen irrecuperable. Esta última posibilidad se produce cuando la destrucción de la mercancía, aunque no sea total, supone una pérdida de su naturaleza. Es decir, cuando la propiedad asegurada queda tan dañada que ya no se parece en nada al objeto asegurado.

La pérdida total presumible tiene lugar cuando ha habido una pérdida que se puede suponer total después de transcurrido un lapso de tiempo razonable. Los plazos para considerar la mercancía perdida están fijados en los convenios que regulan el transporte internacional o el tipo de transporte de que se trate.

1.3.2   Daño a la mercancía

Se consideran todos aquellos perjuicios que de una forma u otra inciden sobre el valor económico del bien transportado. Pueden ser pérdidas estrictas o averías particulares.

El núcleo central del problema en materia de transporte multimodal radica en la delimitación del lugar donde se ha producido el daño entre las fases del transporte para determinar el régimen jurídico aplicable.

Cuando se conoce en qué etapa del transporte ocurrió la avería, la primera cuestión que se debe resolver es si algún convenio internacional o alguna ley nacional resultan aplicables para determinar la responsabilidad. Y si puede ser aplicado según el ámbito de la norma o en virtud de una cláusula *Paramount.* De no ser posible, las partes tendrán libertad para efectuar el contrato sobre sus propias disposiciones y con la gran variedad de posibilidades que caracteriza las *standard forms* en este tipo de contratos. Respecto a los daños no localizados, no se aplicaría ningún convenio internacional ni ley nacional, por lo que las partes tendrían total libertad para diseñar sus propios contratos.

Las situaciones en este supuesto son variadas. Un gran número de documentos de transporte combinado crean su propio régimen jurídico. Tal es el supuesto de los documentos emitidos en virtud de las Reglas Unctad/ICC, donde la empresa porteadora es responsable por la pérdida o el daño a menos que la causa del daño pueda incluirse en la lista de peligros exceptuados. De no ser así, la OTM solo será responsable hasta un límite máximo.

El sistema reticular satisface una doble necesidad. No modifica las estructuras de la exoneración de responsabilidad y fija los máximos de limitación de la deuda, estimulando el uso del transporte multimodal. Esta solución aplicada al convenio de 1980 satisface esta doble necesidad, porque en el supuesto de daño localizado quedan incorporados los convenios unimodales o las leyes nacionales por la interpretación del texto y la aplicación del convenio de transporte multimodal.

1.3.3 Retraso en la entrega

El retraso en la entrega de las mercancías puede ser la causa primaria o secundaria del daño. Se la considerará causa primaria cuando se estime como la principal razón del daño y en este caso se aplicarán las reglas concretas para el retraso. Cuando el retraso es efecto de una causa principal, se considera causa secundaria y, por tanto, la primaria será la que determine la responsabilidad de la empresa porteadora.

1.4 Causas de exoneración de responsabilidad

1.4.1 El vicio propio de la mercancía

Según la definición del reconocido especialista en derecho internacional Alejandro Rodríguez Carrión, puede resumirse en:

> «El vicio propio de las mercancías es aquella cualidad inherente e inseparable de la sustancia que la constituye y que, aparecidas determinadas circunstancias de muy diversa índole, puede causar por su propia acción y con el transcurso del tiempo su destrucción o deterioro, sin la intervención de un agente externo, pudiendo surgir, asimismo, sin la concurrencia de su transporte».

El vicio de las mercancías puede depender de una cualidad natural o de un defecto anormal intrínseco que provoca su deterioro orgánico o funcional. En el caso de un vicio natural, este será común y notorio a las cosas de igual materia. En el caso de un vicio accidental, que no es normal en todas las cosas de la misma materia o cualidad, puede no ser detectado en el momento de su carga y desarrollarse posteriormente por la propia naturaleza de las mercancías embarcadas.

El fundamento de la exoneración de responsabilidad por vicios propios se basa en que el porteador no puede ser responsable de eventos inevitables y no debidos a un riesgo de la navegación ni del transporte; la mercancía que lleva en esencia un vicio constitutivo está condenada, antes o después, a padecer un daño de mayor o menor gravedad, que puede ser conocido con anterioridad a su transporte.

En la mayoría de los convenios internacionales, el vicio propio de la mercancía es causa de exoneración de responsabilidad; por ejemplo, en las Reglas de la Haya (art. 4.2), el Convenio de Berna de 1952 sobre transporte por ferrocarril (art. 27.3, d) y el Convenio de Ginebra de 1956.

1.4.2   Caso fortuito o fuerza mayor

Se alude de manera genérica a todos aquellos supuestos en los que al deudor de la obligación le resulta imposible su cumplimiento por la concurrencia de sucesos no previstos, o que, resultando previsibles, impiden el cumplimiento de la obligación.[16]

1.4.3   Falta náutica

Tanto en las Reglas de la Haya-Visby como en las Reglas de la Unctad/ICC se definen como la falta cometida por personas empleadas y dependientes de la naviera en la navegación o el control del buque (arts. 4.2 y 5.4, respectivamente). Un error en la navegación o administración del buque es aquella omisión o acto equivocado, cuyo propósito original se dirigía al buque (a su seguridad y buen estado) y hacia la aventura marítima en general. Para que la exoneración sea efectiva, el error o la falta náutica se deben llevar a cabo por personas dependientes de la empresa porteadora, nunca por esta o su equipo ejecutivo.

Las reglas ICC han tenido que incluir disposiciones para que la OTM que explota buques se pueda acoger a las mismas exoneraciones que se hubieran aplicado a un contrato de transporte unimodal, y que la OTM que no explota buques tenga la posibilidad de ejercitar acciones de repetición contra la empresa porteadora efectiva basándose en reglas que son compatibles con las que determinan su propia responsabilidad.

---

[16] Véase el art. 1105 del Código Civil español.

En el artículo 5,4 de las Reglas de la Haya-Visby se mencionan las dos causas fundamentales de exoneración: la falta náutica y el incendio. Se puede recurrir a ellas siempre que la OTM pueda probar que se ha ejercido la diligencia debida para poner el buque en estado de navegabilidad al inicio del viaje.

1.5 El retraso

En el transporte internacional se produce el retraso en la entrega de las mercancías siempre que la empresa porteadora no las pone a disposición de la consignataria dentro del plazo contractualmente fijado. El hecho de que la ruptura de la obligación contractual dependa del transcurso del tiempo proporciona al retraso dos características muy significativas.

El retraso puede ocurrir en cualquier momento desde que el contrato se haya perfeccionado y la empresa porteadora inicie acciones dirigidas a su ejecución, y sus efectos pueden extenderse durante la totalidad del contrato e incluso más allá.

Así, la responsabilidad por retraso dependerá principalmente de los términos del contrato de transporte que traten de los plazos de entrega de las mercancías, ya que la medida del tiempo en la ejecución del contrato no siempre es la misma ni se le da la misma importancia al cumplimiento de la obligación temporal, en relación con las condiciones asumidas. Respecto a esta última consideración, se puede decir que existen tres grados de responsabilidad aplicables:

- El más estricto, cuando se garantiza la entrega en una fecha determinada.
- El contrato establece unas fechas, aunque la empresa porteadora no garantiza la entrega en el plazo que estas fijan, entendiéndose como condición del contrato.
- Una medida mínima de responsabilidad se aplica en otros casos donde el tiempo no es la esencia del contrato, por lo que debe efectuarse el transporte con la diligencia de un buen porteador.
- Cuando el transporte de mercancías lo emprende una sola empresa porteadora, la aplicación de las reglas sobre responsabilidad por retraso es bastante clara.
- En los casos en que el transporte se efectúa por parte de dos o más porteadores, esta misma situación plantea un número mayor de problemas. El principio básico aplicable a estas situaciones es que cada empresa porteadoraes responsable de cualquier pérdida, daño o retraso en la entrega, que hayan ocurrido mientras la mercancía está bajo su custodia.

La empresa cargadora, como parte perjudicada, podrá demandar a la porteadora con quien ha contratado por cualquier retraso en la entrega. Esta, a su vez, tiene la posibilidad de recurrir contra la subporteadora que permitió o cometió el retraso.

Los convenios de transporte, las Reglas de la Haya y las Reglas de Hamburgo, difieren en gran medida en lo que respecta al tratamiento sobre el retraso en la entrega de las mercancías.

En principio, el concepto de retraso en la entrega no fue incluido en las Reglas de la Haya, aunque implícitamente y de acuerdo con la jurisprudencia nórdica y en ciertos casos la inglesa, se entiende recogido en su artículo 3.2: «el porteador procederá de manera apropiada y cuidadosa a la carga, la conservación y la descarga de las mercancías transportadas». Las Reglas de Hamburgo coinciden en confirmar la responsabilidad de la naviera por el retraso en la entrega. En su artículo 5.1 se especifica la responsabilidad de esta por dicho retraso, definiéndose el concepto en su párrafo segundo, como el incumplimiento del plazo de entrega acordado. También, dispone que las mercancías sean entregadas «dentro del plazo que atendiendo a las circunstancias especiales del caso, sería razonable exigir de un porteador diligente».

El artículo 5.2 de las Reglas Unctad/ICC define el retraso de la misma manera que lo hacen los sistemas de responsabilidad reticular y uniforme del proyecto TCM. Siguiendo la línea marcada por las Reglas ICC 73-75, la OTM no será responsable por retraso a menos que la empresa expedidora haya hecho una declaración de interés en la entrega de las mercancías en un plazo y que esta le haya sido aceptada.

1.6 La responsabilidad subjetiva

1.6.1 El concepto de responsabilidad subjetiva

Todo hecho ilícito que cause daño, que se lleve a cabo intencional o negligentemente es fuente de obligación. El acto ilícito da origen a una obligación cuya prestación consiste invariablemente en la reparación del daño ocasionado por dicho acto. El precepto fundamental en relación con el acto ilícito es imponer al causante la reparación del daño. Por doctrinas subjetivas se entienden aquellas que condicionan la relevancia del incumplimiento al presupuesto de la culpa, de tal manera que el fundamento de la responsabilidad contractual es siempre la culpa.

1.6.2   Fundamento

Como servicio económico, el transporte de bienes se dirige a conseguir el traslado de mercancías de un lugar a otro, cifrándose en la consumación efectiva de ese desplazamiento la utilidad material buscada por las partes como fruto de esa operación.

Si el traslado solo se lleva a cabo parcialmente, si las mercancías no llegan a destino o lo alcanzan con retraso o averiadas, se habrá frustrado la finalidad económica de la operación y el titular de las mercancías experimentará una pérdida patrimonial.

El contrato está dotado de una estructura jurídica en la que destaca la configuración de la prestación de la empresa porteadora como una obligación comparable a las llamadas de «resultado», en la que el traslado completo y útil se concibe como un *opus* indivisible cuya lesión genera la consiguiente responsabilidad.

La empresa porteadora, en virtud de su compromiso contractual, debe entregar las mercancías a su consignatario en la misma forma en que recibió la remesa del remitente, sin menoscabo ni falta en las condiciones establecidas.

La obligación de la empresa de transporte combinado no es solidaria, sino personal frente a la cargadora. Especialmente habida cuenta de la afirmación de su exoneración de responsabilidad relativa a la pérdida de la mercancía o de los daños, desde su aceptación hasta su entrega, por supuestos diversos: el principal y primero de los cuales es la culpa o negligencia de la empresa cargadora o receptora, afirmación que configura a la OTM como deudora de toda obligación, con la singularidad de existir tal obligación con carácter solidario cuando no se identifica en qué trayecto se ha producido el daño o la pérdida de la mercancía.

Como se ha señalado, la empresa «operadora de transporte multimodal no es un porteador típico, pero su situación es la típica de un porteador».

1.7   Ámbito temporal de la responsabilidad

1.7.1   Entrega de las mercancías

La empresa porteadora ha de entregar las mercancías a quien acredite documentalmente su derecho a recibirlas.

La entrega supone el traspaso de la detentación física de las mercancías, del porteador al receptor. No debe confundirse con la descarga, aunque pueda coincidir temporalmente con ella. Según la mayoría de los sistemas legales, la entrega, entendida como la transferencia voluntaria de la posesión con un contrato de compraventa, se estima efectuada cuando la empresa compradora o su agente adquiere la custodia de las mercancías o se autoriza para ejercer el control efectivo sobre ellas. El momento en que se hace efectiva la entrega depende de lo que estipule el contrato. La determinación de este momento es de gran importancia, pues la entrega efectiva marca el final del período de custodia de las mercancías por la empresa porteadora y el comienzo del plazo para presentar reservas y computar el período de un año para formular reclamaciones por faltas o averías.

El documento de transporte multimodal puede ser negociable o no. En el caso de que lo fuera, será extendido a la orden o al portador, y si lo es a la orden, será transferible mediante endoso, que no se exige si se extiende al portador. La devolución del documento, con el correspondiente endoso, si ha sido extendido a la orden, es requisito indispensable para que pueda ser entregada la mercancía. La empresa operadora queda liberada de sus obligaciones contractuales si entrega las mercancías al consignatario, cuyo nombre figura en el documento de transporte multimodal no negociable o cualquier otra persona conforme a las instrucciones recibidas al efecto.

1.7.2   La recepción

La empresa porteadora recibe la mercancía para su custodia cuando se le entregue legítimamente.

El acto de entrega así considerado comprende la transferencia material de la disponibilidad de la misma, y situarla de tal manera, que la OTM tenga acceso a ella para ejecutar con el resultado efectivo los actos de custodia y disposición.

La prueba de que la carga ha sido recibida por la OTM es el documento de transporte multimodal, en atención a su carácter probatorio. Este documento tiene su precedente, como se ha señalado, en los conocimientos de embarque de transporte marítimo. En este sentido, las Reglas de la Haya (art. 3.4) dicen: «...el conocimiento establecerá la presunción, salvo prueba en contrario de la recepción por el porteador de las mercancías en la forma que aparecen descritas». Las Reglas de Hamburgo (art. 17) definen como conocimiento de embarque el «documento que hace prueba de un transporte marítimo y acredita que el porteador ha tomado a su cargo o ha cargado las mercancías».

En el Convenio de Ginebra sobre transporte multimodal de 1980 se especifica que «documento de transporte multimodal» se refiere al documento que hace prueba de un contrato de transporte multimodal, y acredita que la OTM ha tomado las mercancías bajo su custodia y que se ha comprometido a entregarlas según el contrato.

Salvo que expresamente se haga constar otra cosa, en el momento de la recepción se entiende que las mercancías se entregan en buen estado y que han de ser devueltas en ese mismo estado al consignatario en destino. La OTM viene obligada al examen del aspecto exterior de la mercancía cuando se hace cargo de ella, y, en su caso, a formular las reservas pertinentes en el documento de transporte multimodal.

2 El criterio unitario de bulto o unidad. La fórmula contenedor en relación a la limitación de responsabilidad

Las Reglas de la Haya-Visby (art. 4.5, a) establecen que:

> «Salvo que la naturaleza y el valor de las mercancías hayan sido declaradas por el cargador con anterioridad al embarque y así conste en el conocimiento, ni el porteador ni el buque serán en ningún caso responsables de la pérdida o el daño de las mercancías o con ellas relacionadas por una suma superior a 666,67 unidades de cuenta por bulto o unidad, o dos unidades de cuenta por kilogramo de peso bruto de las mercancías perdidas o dañadas, aplicándose el límite más elevado».

Para algunos autores, la responsabilidad de la empresa porteadora es limitada, pues se trata más bien de una limitación de deuda.

El problema que tradicionalmente ha requerido una mayor precisión es determinar qué es lo que debe entenderse por bulto o unidad. Sin embargo, la inclusión en el Protocolo de Visby de la alternativa al peso bruto obliga a analizar la problemática relativa a este concepto.

Cuando se aborda la noción de bulto o unidad para determinar la cuantía de la limitación de responsabilidad, nos encontramos con dos problemas: no existe una definición legal y se ha de precisar si el término se refiere a la unidad de carga o a la unidad de flete.

Al no existir un concepto legal hemos de acudir a su acepción común, que tratándose de transportes, se utiliza para designar los fardos, las cajas, los baúles u otras unidades de carga. Todos los objetos a que hace referencia la palabra bulto revelan la existencia de un contenido y un continente, es decir, están dotados de una cubierta que sirve para resguardar los objetos y que se conoce como embalaje. Cuando se trata de mercancías embaladas parece que no existe ningún problema interpretativo, pues la limitación de la deuda se atribuye a cada bulto dañado o perdido.

La definición legal de bulto, en atención a la jurisprudencia y al sentido común del término, se puede entender como «cualquier objeto que pueda ser manejado durante el transporte como una unidad singular, aunque no se encuentre embalada», pues el hecho de que el porteador tenga ocasión de comprobar su valor, no incide para nada al cuantificar la deuda, limitada a 666,67 unidades de cuenta o a dos unidades de cuenta por kilogramo de peso bruto, cuando el peso bruto conste en el conocimiento de embarque. Íntimamente relacionado con el concepto de bulto está el de unidad. Se plantea la cuestión de si del hecho que el importe del flete venga determinado generalmente por el peso de la mercancía, la limitación de la deuda debe reconducirse al bulto o a la unidad de flete. La solución parece admitir que el límite por bulto se debe aplicar en todos aquellos casos en que la mercancía se encuentra contenida en un bulto o es de tal forma considerada, con independencia de que el flete se calcule por unidad.

El Protocolo de 1979 reduce la polémica con la alternativa del cálculo de la limitación por unidad de kilogramo bruto si esta cifra resulta más elevada. Sin embargo, subsistiría el problema cuando la cifra más elevada esté determinada por bulto o cuando se considere como unidad normalmente utilizada, según los usos, para calcular el flete, la *shipping unit.*

La alternativa de cuantificación de la deuda por kilogramo de peso bruto, plantea otros problemas que pasamos a examinar sobre la determinación de la expresión «peso bruto».

Esta puede tener distinta extensión si se considera la calidad de las mercancías y su eventual embalaje. No suele haber dudas cuando las mercancías se encuentran embaladas, puesto que entonces el peso bruto incluye al propio embalaje. En este caso, el cálculo del límite no ofrece dificultades si la pérdida o el daño ha sido total, pero si es parcial se puede dar la paradoja de que la parte de mercancías perdidas o dañadas no se encuentren englobadas en el peso bruto. Piénsese, por ejemplo, en un cajón que contiene diez televisores y son robados cinco de ellos. El peso de la mercancía perdida es el peso de los televisores, sin que pueda comprenderse una parte proporcional del cajón. Otro tanto ocurre con las mercancías cargadas a granel cuando se da un supuesto de combustión, como es el caso del petróleo sin refinar, cuya composición incluye el agua y los sedimentos: mientras el precio de compraventa viene referido al peso neto, al petróleo ya refinado, el flete se calcula basándose en el peso bruto.

En este sentido, el Protocolo de 1968 establece:

«Cuando se utilicen para agrupar mercancías un contenedor, un palé o cualquier dispositivo similar, todo bulto o unidad que según el conocimiento vaya embalado en tal dispositivo se considerará como un bulto o una unidad a los efectos de este párrafo. Fuera de este caso, tal dispositivo se considerará como el bulto o la unidad» (art. 4.5, c).

La norma parece clara, en principio, al delimitar dos supuestos en función de que el conocimiento contemple solo el contenedor o bien el número de bultos incluidos en él. Como se puede advertir, la limitación de la deuda varía sustancialmente según se adopte una de estas dos fórmulas:

- Si el conocimiento enumera los bultos o las unidades que han sido agrupados o almacenados en el contenedor, tal limitación se relacionará con cada uno de esos bultos.
- Si, por el contrario, el conocimiento contempla únicamente el contenedor, sin especificar ni individualizar los bultos o las unidades dispuestos en él, la limitación funcionará en relación con un solo bulto.

Las Reglas Unctad/ICC 1991, se basan en la denominada «fórmula del contenedor», según la cual la persona reclamante puede utilizar las unidades incluidas en el contenedor a efectos de la limitación de responsabilidad siempre que se hayan enumerado en el documento de transporte.

2.1 Responsabilidad y tratamiento de la limitación de responsabilidad

Las normativas nacionales, como la Ley de Navegación Marítima española (LNM), acostumbran a seguir el esquema de las Reglas de la Haya-Visby, art. 277.3:

«Los contratos de transporte marítimo de mercancías, nacional o internacional, en régimen de conocimiento de embarque y la responsabilidad del porteador, se regirán por el Convenio Internacional para la Unificación de Ciertas Reglas en Materia de Conocimientos de Embarque, firmado en Bruselas el 25 de agosto de 1924, los protocolos que lo modifican de los que España sea Estado parte y esta ley».

2.1.1   La responsabilidad

La empresa porteadora es responsable de todo daño o pérdida de las mercancías, así como del retraso en su entrega, causados mientras se encontraban bajo su custodia, las cuales se aplicarán imperativamente a todo contrato de transporte marítimo. No tendrán efecto las cláusulas contractuales que pretendan directa o indirectamente atenuar o anular aquella responsabilidad en perjuicio del titular del derecho a recibir las mercancías.

De acuerdo con las Reglas de la Haya-Visby (art. 4.5) ni la empresa porteadora ni el buque serán en ningún caso responsables de la pérdida o el daño de las mercancías o con ellas relacionadas por una suma superior a 666,67 unidades de cuenta por bulto o unidad, o dos unidades de cuenta por kilogramo de peso bruto de las mercancías perdidas o dañadas, aplicándose el límite más elevado.

La responsabilidad alcanza tanto a la empresa porteadora contractual como a la efectiva, señala la legislación española:[17]

«La responsabilidad establecida en esta sección alcanza solidariamente tanto a quien se compromete a realizar el transporte como a quien lo realiza efectivamente con sus propios medios. En el primer caso estarán comprendidos los comisionistas de transportes, transitarios y demás personas que se comprometan con el cargador a realizar el transporte por medio de otros. También estarán comprendidos los fletadores de un buque que contraten en la forma prevista en el artículo 207. En el segundo estará incluido, en todo caso, el armador del buque porteador».

El porteador contractual tendrá derecho a repetir contra el efectivo las indemnizaciones satisfechas en virtud de la responsabilidad que para él se establezca. La

---

[17] Artículo 278 de la Ley de Navegación Marítima española (LNM), de 2014.

acción de repetición del porteador contractual contra el porteador efectivo estará sujeta a un plazo de prescripción de un año a contar desde el momento de abono de la indemnización.

2.1.2 *Limitación de la responsabilidad por pérdida o daño*

La responsabilidad del porteador por pérdida o daño de las mercancías transportadas estará limitada, salvo que en el conocimiento de embarque se haya declarado el valor real de tales mercancías, a las cifras establecidas en las Reglas de la Haya-Visby.

Si en el transporte se utilizaran contenedores, bandejas de carga u otros medios similares de agrupación de mercancías, cualquier bulto o unidad enumerado en el conocimiento de embarque como incluido dentro de dicho medio de agrupación se considerará como un bulto o unidad a efectos de limitación de responsabilidad por pérdida o daño. Si el contenedor o medio de agrupación hubiera sido suministrado por la empresa cargadora, se considerará como un bulto más a tales efectos. Si en el conocimiento no se hiciera constar la enumeración del contenido, se considerará que existe un solo bulto.

El régimen de responsabilidad de la empresa porteadora y su limitación será aplicable a toda acción que persiga una indemnización por daños o pérdidas experimentados, independientemente de cuál sea el procedimiento en que se ejercite la acción, así como su fundamento, sea contractual o extracontractual y, tanto si se dirige contra la porteadora como si lo hace contra las personas o empresas auxiliares que esta emplee para el cumplimiento de su prestación.

La empresa porteadora -o sus auxiliares– no podrá prevalerse del derecho a limitar su responsabilidad cuando se pruebe que el daño o la pérdida han sido causados por ella misma, intencionadamente o actuando en forma temeraria y con conciencia de su probabilidad.

3 Cláusulas contractuales de carga y descarga. Régimen jurídico de la estiba

La estiba y desestiba de los contenedores participa del régimen jurídico de las operaciones de carga y descarga con unas particularidades propias. Toda cláusula relativa a pactos sobre operaciones de carga y descarga contiene o suele contener, con carácter general, dos estipulaciones:

- ¿Quién tiene a su cargo la obligación de ejecutar por sí o por otros las operaciones de carga y descarga? y ¿quién corre con los gastos de la ejecución de tales operaciones?
- ¿Dónde se produce la recepción o entrega de la carga? Y, por tanto, ¿dónde empieza y termina la obligación de custodiar el cargamento?

Estas cláusulas pueden dividirse en las siguientes categorías:

- Cláusulas para el transporte común.
- Cláusulas para los transportes especiales, de la que no nos ocuparemos en el presente libro.[18]

3.1   Cláusulas para el transporte común

Pueden dividirse en condiciones brutas *(gross terms)* y condiciones netas *(net terms)*.

Para la interpretación de las diversas cláusulas, se ha de tener en cuenta, en primer lugar, la definición que se establezca en los contratos y, en su defecto, los usos y costumbres del puerto donde se lleve a cabo la carga o descarga. A falta de costumbre, prevalecerá el significado ordinario de las palabras o bien una cláusula que extienda la obligación del fletador más allá de lo que se establezca en las normativas nacionales.

La interpretación de los términos que se exponen a continuación se efectúa a falta de acuerdo expreso sobre su interpretación y de uso o costumbre en contra.

3.1.1   Condiciones brutas (gross terms)

En este tipo de cláusulas, con carácter general, el fletante tiene la obligación de ejecutar por sí o por otros las operaciones de carga, estiba, enrasado, etc., y la desestiba y descarga y el coste de estas operaciones está incluido en el flete.

El cargamento se recibe al costado del buque en el puerto de carga y es entregado en el muelle en el puerto de descarga, corriendo el fletante con los riesgos de tales

---

[18] Ver del autor in extenso *Las cláusulas contractuales de carga y descarga* (2009), disponible en http://hdl.handle.net/2117/6158.

operaciones y teniendo la custodia desde la recepción de la carga al costado del buque hasta su entrega al costado del mismo.

- **Condiciones de línea** *(liner terms)*

  Este término es habitual en las grandes navieras que transportan contenedores. Indica cualesquiera condiciones que se apliquen en los buques de línea o a cargamentos parciales que operen en este régimen. Frecuentemente significa que el cargamento se recibe y se entrega al costado del buque, corriendo el fletante con los gastos y los riesgos de la carga, estiba, desestiba y descarga. El uso de este término es frecuente en los buques de línea que embarcan pequeñas partidas, pues es imposible que cada embarcador utilice su propia empresa estibadora. En algunas ocasiones, la cláusula se entiende como que el cargamento es recibido por el fletante al costado del buque, siendo la naviera quien debe ejecutar las tareas de carga y descarga, y correr con los riesgos de la operación. Sin embargo, los gastos de carga son soportados por el embarcador, abonando la naviera exclusivamente los gastos de estiba y trincado, y el receptor, los gastos de descarga.

  En relación al tráfico de contenedores, y que es utilizada por la mayor parte de las compañías navieras o terminales, implica que el contenedor es manipulado hasta la carga y descarga al costado del buque, por cuenta de la terminal, o el embarcador a partir de la izada es de cuenta del buque. El tráfico de contenedores ha acuñado la expresión THC *(terminal handling charge)* como concepto económico comprensivo de los gastos del contenedor desde su llegada a la terminal hasta su izada al buque, conocido como fase terrestre e incluye *gate*, explanada, clasificación, traslado al muelle, etc. Los movimientos interiores del contenedor en la bodega del buque (remociones, transbordos) son de cuenta de la naviera, esto es, están comprendidos dentro del flete oceánico y no son trasladables a la carga.

- **COP** *(custom of the port)*

  Las operaciones quedan sometidas a las «costumbres del puerto». Frecuentemente, se utiliza para mercancías destinadas a puertos árabes e implican un uso local equivalente al anterior y asumiendo el fletante o buque todos o parte de los gastos y riesgos, según los puertos.

- ***Berth terms***

  Es equivalente al *liner terms* y se suele utilizar en los fletamentos *tramp*.

- **Bajo puntal** *(sous palan; under derrick; sotto paranco)*
  La naviera recibe el cargamento en la vertical del puntal del buque (o de la grúa, si se contratan grúas de tierra), efectuando por su cuenta y riesgo las operaciones de carga y estiba, para entregar la mercancía en la vertical del puntal (o grúa, si se emplea grúa de tierra) en el puerto de descarga. En la práctica, la cláusula es similar a las anteriores y su interpretación puede variar de acuerdo con los usos y las costumbres de algunos puertos.

- **Libre al costado del buque (FAS,** *free alongside ship)*
  Similar a la anterior. La obligación del embarcador se completa cuando el cargamento ha sido entregado debajo de los puntales del buque (o grúa de tierra, si así se efectúa). Los costes posteriores a cargar y estibar son por cuenta de la naviera.

3.1.2 *Condiciones netas* (net terms)

La obligación del fletante se reduce a la estricta de transporte marítimo, recibiéndose y entregándose la mercancía a bordo y siendo por cuenta del fletador todos los gastos y riesgos de la ejecución de operaciones de carga y descarga, deben entenderse en un sentido estricto (a falta de uso) y no se extienden a lo que expresamente no se manifiesta. Así, si no se dice de manera expresa que la estiba es por cuenta del fletador *(free stowage)*.
  Las cláusulas más usuales son:

- **FOB** *(free on board)*
  Significa que el fletador tiene la obligación de ejecutar por sí o por otros las operaciones de carga y estiba y pagar, si es preciso, los costos de ejecución de tales operaciones y corriendo con sus riesgos. La entrega de la mercancía se produce a bordo del buque una vez que el cargamento queda situado en las bodegas, comenzando la obligación de custodia por parte del fletante.

- **FD** *(free discharge)*
  Este término significa que el fletador tiene a su cargo la obligación de ejecutar por sí o por otros las operaciones de descarga y desestiba, abonar sus gastos y correr con el riesgo de tales operaciones y el cargamento se entrega dentro de las bodegas del buque en el puerto de descarga. Termina allí la obligación de custodia para el fletante.

- **FIO** *(free in and out)*

  Esta cláusula se puede considerar la suma de las dos anteriores.

- **FIOS** *(free in and out stowed)*

  Similar a la anterior, aclara las posibles dudas sobre quién corre con los gastos y las responsabilidades de la colocación del cargamento en las bodegas.

- **FIOST** *(free in and out stowed and trimmed)*.

  Al igual que la anterior, esta cláusula tiene por objeto especificar con mayor detalle las operaciones que son por cuenta del fletador para evitar que su no especificación perjudique al fletante. Este tipo de cláusula se utiliza expresamente para gráneles que necesitan un trimado, nivelación o paleo dentro de las bodegas para abarrotarlas y colocar el cargamento en condiciones de una buena navegación.

- **FIOSTLSD** *(free in and out stowed trimmed lashed secured and dunnaged)*

  Como la anterior, también tiene por objeto especificar sin que haya lugar a dudas cuáles son las operaciones que son por cuenta del fletador y añade el trincaje, ensolerado, etc.

3.2 Cláusulas de carácter mixto

Estas cláusulas cubren determinadas necesidades del tráfico marítimo, entre las cuales destacan las siguientes:

- **FILO** *(free in liner out)*

  Esta cláusula es muy usual en las mercancías que se transportan desde Europa hasta países donde existan congestiones portuarias que impidan a los embarcadores pactar condiciones de descarga o correr con los gastos del puerto de descarga. En virtud de esta cláusula, el fletador tiene a su cargo la obligación de ejecutar, por sí o por otros, las operaciones de carga y estiba en el puerto de carga, pagando si es preciso y corriendo a su riesgo tales operaciones. La naviera o fletante se obliga a ejecutar, por sí o por otros, las operaciones de desestiba y descarga en el puerto de destino, corriendo por su cuenta y riesgo tales operaciones y la mercancía se entrega a bordo en el puerto de carga y se recibe en el muelle al costado del buque en el puerto de descarga.

- **FIOCOP** *(free in and out customs of the port)*
  Muy similar a la anterior.

- **LIFO** *(liner in free out)*
  Esta cláusula es la opuesta a la FILO.

3.3 Cláusulas que separan riesgos y gastos

En los fletamentos de línea regular se suelen establecer cláusulas del siguiente tenor: «La mercancía será cargada y descargada por la naviera, efectuándose tales operaciones por cuenta y riesgo del fletador».

Trata de deslindar entre quién se compromete a ejecutar las operaciones de carga y descarga (la naviera o fletante) por cuenta del tercero (el fletador) y dónde se produce el traspaso de la posesión del cargamento (a bordo del buque).

3.4 Cláusulas para tráficos de contenedores

Se suelen utilizar las siguientes cláusulas:

- **Puerta a puerta** *(house to house)*
  La empresa cargadora entrega el contenedor en sus almacenes (una vez cargado por su cuenta y riesgo) a la porteadora. Esta lo transporta por su cuenta y riesgo desde el almacén de origen hasta el de destino, y lo entrega al receptor, siendo por cuenta y riesgo de este último la operación de desagrupar la carga del contenedor.

- **FCL** *(full container load)*
  Suele ser habitual en un conocimiento de embarque e indica que se trata de un transporte puerta a puerta *(house to house),* quienes han sido los agentes que han intervenido en el transporte, y los responsables de la carga o consolidación de la mercancía en el contenedor. En este sentido, esta cláusula significa que el contenedor se ha llenado o consolidado en el domicilio de la empresa cargadora, es decir, que ha sido retirado del depósito por la exportadora o fabricante, quien ha llevado a cabo la estiba de las mercancías por su cuenta y riesgo, y ha

entregado el contenedor cerrado y generalmente precintado a la transportista, que lo entregará al receptor, que será el encargado final de desconsolidar la mercancía en su propio almacén.

- **LCL** *(less than container load)*

  Con esta modalidad, la empresa cargadora entrega las mercancías en un depósito o almacén diferente al propio (normalmente, una terminal de contenedores) para su transporte en contenedor. Una vez entregada, es por cuenta de la naviera o fletante el empaquetado o estibado de la mercancía dentro del contenedor, para entregarla en otro depósito en el puerto de destino, siendo por cuenta de la naviera el desempaquetado o desestiba del cargamento ubicado en el contenedor.

4 El contrato de manipulación portuaria

El contrato de manipulación portuaria, se regula de forma novedosa en la Ley de Navegación marítima española (LNM) y tiene por objeto, a tenor de lo establecido en su artículo 330.1, operaciones como las de carga, descarga, estiba y desestiba a bordo de los buques, así como las de recepción, clasificación, depósito y almacenamiento en muelle o almacenes portuarios, y las de los transportes interiores en el puerto, y de las de operaciones conexas a las anteriores.

Los artículos 331 y 332 de la LNM hacen referencia a la forma del contrato de manipulación portuaria. El artículo 332, plantea de forma potestativa la suscripción de un documento en concepto de recibo de las mercancías que, si bien tiene por fin esencial probar las condiciones en el que estas han sido recibidas, puede cumplir igual e indirectamente la función de probar la existencia del contrato. Ante la falta de tal documento acreditativo, la LNM establece la presunción, en su artículo 332.3, de una correcta recepción de las mercancías, caracterizada, *a priori* por las buenas condiciones de las mismas.

La autonomía de la voluntad de las partes juega un papel importante en el ámbito de la manipulación portuaria, algo que se deduce del propio artículo 331 al referirse a la opción de contratación, ya sea por los propios cargadores de las mercancías, destinatarios o quienes las realicen llegado el momento.

El artículo 333 de la LNM recoge como regla general que será responsable el operador portuario encargado de la manipulación en aquellos supuestos en los que se generen daños en las mercancías, se produzca una pérdida de las mismas o un retraso en su puesta a disposición.

La responsabilidad del operador portuario puede limitarse, según lo establecido en el artículo 334 de la LNM en los casos de pérdida o daño en las mercancías o retraso en su entrega, y de conformidad con una serie de parámetros recogidos en el referido precepto, a saber:

- Limitación a una suma de dos DEG por kilogramo de peso bruto, para los supuestos de pérdidas o daños en las mercancías.
- Limitación a una suma equivalente a dos veces y media de la remuneración que deba pagársele por los servicios prestados con respecto a las mercancías que se hayan recibido con retraso, sin exceder de la cuantía total de la remuneración debida por la remesa de que formen parte esas mercancías.

En cualquier caso, la responsabilidad acumulada de los dos supuestos anteriores (pérdida o daño en las mercancías y retraso) no podrá superar la cuantía establecida para la pérdida total de las mercancías.

Es preciso subrayar que estos parámetros cuantitativos de responsabilidad tienen un carácter mínimo e imperativo, en el sentido de que, el operador portuario podrá voluntariamente hacer frente importes superiores a los fijados según el precepto, pero nunca inferiores.

No obstante, el beneficio que faculta al operador portuario a limitar la responsabilidad, deviene inoperativo en ciertos supuestos, para los que la propia LNM se remite a lo establecido en las Reglas de la Haya-Visby, cuyo artículo 4.5 e) dispone que: «Ni el porteador ni el buque tendrán derecho a beneficiarse de la limitación de responsabilidad que en este párrafo se determina si se prueba que el daño es resultado de un acto o de una omisión del porteador, que se produjo o con intención de provocar un daño o temerariamente y con conocimiento de que probablemente de ello se deducirá un daño», de igual aplicación al operador portuario.

En cuanto a los sujetos legitimados para accionar exigiendo responsabilidad al operador portuario, el artículo 336 de la LNM faculta primeramente al sujeto con el que se hubieren contratado las operaciones. Además, el precepto observa la acción directa contra el operador portuario del destinatario de las mercancías, la empresa transitaria o la comisionista, lo que no excluye su posibilidad de accionar también contra el porteador, comisionista o transitario.

La última novedad que aborda la LNM en torno al contrato de manipulación portuaria, es el derecho que asiste al operador portuario consistente en retener las mercancías como garantía de cobro, en aquellos supuestos en los que no se le abone el precio pactado por la prestación de sus servicios.

5 Responsabilidad de las empresas estibadores de terminales

En cuanto a la regulación del contrato de manipulación portuaria, en el presente apartado vamos a tratar las prácticas marítimas internacionales y el derecho comparado.

Es difícil destacar lo que provoca los mayores daños y pérdidas en el manejo de la mercancía en las áreas portuarias, debido a la gran variedad de situaciones que se dan en la operativa de las terminales: mercancía general, gráneles, contenedores, etc.

Por ello, solo expondremos los aspectos más significativos de la responsabilidad de los operadores de terminales: la protección de terminales y la responsabilidad de los cargadores en casos de daño o pérdida ocurridos bajo su custodia (en especial, la cobertura de la cláusula Himalaya y su aplicación a partir del caso Mahkutai).

5.1 *Estudio de la cláusula Himalaya*

El objeto de la cláusula Himalaya es la protección de los agentes, subcontratistas y demás dependientes de la empresa porteadora, tales como estibadores y transportistas terrestres, que de otra manera se verían expuestos a una responsabilidad indirecta, en cuanto al daño o a la pérdida que ocurriera bajo su custodia.

Uno de los principios fundamentales en el derecho inglés es que solo la persona parte de un contrato puede efectuar una acción en relación con este. De manera similar, la protección ofrecida por los términos del contrato únicamente puede extenderse a las partes contratantes, y por ello, el beneficio de cualquier excepción o cláusula de limitación de responsabilidad en un contrato de fletamento no puede hacerse valer por una persona ajena al contrato, aunque hayan participado en la ejecución del mismo.

Por tanto, la naviera que quiera proteger a su capitán, tripulación o contratistas independientes, ha de hacer expresa mención de excluir a dichas personas de sus responsabilidades en el contrato de fletamento y, en particular, en el conocimiento de embarque. La cláusula utilizada habitualmente es la cláusula Himalaya, que tiene su origen en el caso Adler versus Dickson, en 1954, en una demanda de lesiones personales a bordo del *S.S. Himalaya* y en el billete de pasaje se incluía dicha cláusula.

En virtud del artículo 4 bis de las Reglas de la Haya-Visby, por primera vez en el transporte de mercancías por mar, el beneficio de excepciones previstas a favor de la naviera se extiende a «un sirviente o agente del porteador (no siendo dicho sirviente o agente un contratista independiente)».

5.2 El caso The Mahkutai

El debate sobre si una empresa estibadora puede acogerse a la cláusula Himalaya, incluida en un conocimiento de embarque sujeto a las Reglas de la Haya-Visby, se resolvió en 1996 en la decisión sobre el caso The Mahkutai. En virtud de ella, el péndulo de la opinión judicial ha llegado a un fin y la responsabilidad del estibador está excluida, así como la responsabilidad de los sirvientes o agentes de la naviera.

En resumen, esta era la decisión del Privy Council en respuesta a la Corte de Apelación de Hong Kong: durante el viaje de Jakarta (Indonesia) a Shantou (China), la mercancía había resultado dañada por el agua de mar. Luego, el buque siguió hasta Hong Kong, donde los propietarios de la mercancía presentaron demanda contra la naviera pidiendo daños por incumplimiento de contrato. La naviera, en respuesta a dicha demanda, invocó la cláusula Himalaya contenida en el conocimiento de embarque del cual no formaban parte.

Al comienzo del juicio, Lord Goff analizó con detenimiento el impacto de la cláusula en el presente contexto y afirmó:

«Durante del siglo xx ha ido variando la opinión sobre la oportunidad de modificar o incluir alguna excepción a la obligatoriedad exclusiva del contrato entre las partes, sin que pueda afectar a terceros no firmantes. Con ello se ha pretendido reconciliar situaciones que surgen en el transporte marítimo de mercancías. Algunas opiniones están de acuerdo en que los beneficios de ciertos tipos de contrato de transporte tendrían que extenderse a todas las partes involucradas en la aventura, aunque no formen parte del contrato; como es el caso de los estibadores, que piden que se les extiendan los beneficios de las limitaciones contenidas en los conocimientos de embarque, y también de los armadores, que piden protección en los términos contenidos en el conocimiento del fletador. A primera vista, parece que exista buena disposición por parte de los jueces para reconocer dichas pretensiones, especialmente en el caso Elder, Dempster & Co. versus Paterson, Zochonis & Co. Ltd. (1924), que se refieren al principio de libertad bajo fianza. Pero la opinión en contra se reforzó a mediados de siglo, cuando el péndulo osciló atrás en dirección de la ortodoxia en el caso Midland Silicones Ltd. versus Scruttons Ltd. (1962). De todas maneras, recientemente ha vuelto a oscilar a favor del reconocimiento de su significado comercial, sobre todo en dos casos de estibadores, invocando la protección de la cláusula Himalaya».

Como resultado del caso Mahkutai, la cláusula Himalaya, insertada en un conocimiento de embarque sujeto a las Reglas de la Haya-Visby, fue utilizada para proteger los intereses de los estibadores en casos de pérdida o daños a la mercancía cuando esta se encontraba bajo su custodia, reconociéndoles expresamente la posibilidad de invocar en su propio nombre la limitación de responsabilidad del transportista.

5.3 La Convención de las Naciones Unidas sobre la responsabilidad de las empresas de terminales de transporte

La Convención de las Naciones Unidas sobre la responsabilidad de los empresarios de terminales de transporte en el comercio internacional, promovida por la CNUDMI/Uncitral (Comisión de las Naciones Unidas para el Derecho Mercantil Internacional) adoptó normas uniformes que rigen la responsabilidad de estas empresas por las pérdidas y los daños que sufran las mercancías objeto de transporte internacional mientras se encuentran en la terminal, así como por la demora en su entrega. La convención fue adoptada por una conferencia diplomática, quedó abierta a la firma el 19 de abril de 1991 y entrará en vigor cuando se depositen cinco instrumentos de ratificación, aceptación, aprobación o adhesión. A día de hoy solo lo han firmado cuatro Estados, lo que plantea dudas sobre una entrada en vigor en el corto plazo.

La empresa de terminal de transporte es definida en el artículo 1 del convenio como una empresa comercial que maneja las mercancías que le han sido confiadas por un porteador, el remitente o el destinatario, antes, durante o después de su transporte por cualquier medio. La actividad de dicha empresa puede ser la carga, la descarga, el almacenaje, la estiba, etc.

Para aplicar el convenio, el transporte en cuestión debe considerarse internacional en el momento en que el porteador recibe las mercancías. Para ello, el punto de partida y de llegada de las mercancías debe encontrarse en estados diferentes.

La responsabilidad comienza una vez que las mercancías han sido entregadas en la terminal y finaliza cuando la empresa que la gestiona las ha entregado de conformidad con lo que expresa el contrato de transporte utilizado y el peso de las mercancías. Según el artículo 5, la empresa será responsable de los perjuicios resultantes de la pérdida, el daño de las mercancías o el retraso en la entrega, si el hecho que los ha causado se produjo durante el período en el que respondía de las mercaderías, a menos que pruebe que ella, sus empleados, mandatarios u otras personas a cuyos servicios recurra para la prestación de los servicios relacionados con el transporte adoptaron todas las medidas que razonablemente podían exigirse para evitar el hecho y sus consecuencias. Dicha responsabilidad de la empresa de terminal de transporte está limitada a una suma que no exceda de 8,33 unidades de cuenta por kilogramo de peso bruto de las mercancías perdidas o dañadas. No obstante, si estas se ponen en poder de la empresa inmediatamente después de un transporte por mar o por vías de navegación interior, o si la empresa las entrega o ha de entregarlas para que sean objeto de tal transporte, la responsabilidad de esta por los perjuicios resultantes de la pérdida o el daño no excederá de 2,75 unidades de cuenta por kilogramo de peso bruto.

Sin embargo, la responsabilidad será ilimitada en caso de que el daño resulte de una acción o una omisión de la propia empresa, de las personas empleadas o directivas, llevada a cabo con intención de causar tal pérdida, daño o retraso, o temerariamente y a sabiendas de que probablemente sobrevendrían la pérdida, el daño o el retraso (art. 8).

Agradecimientos

Mi agradecimiento al conjunto de amigos, compañeros y profesionales que han aportado opiniones y materiales sumamente valiosos e imprescindibles para la presente publicación. En igual sentido a las empresas DP London Gateway; Hutchinson, Noatum y Paceco, entre otras, por las imágenes facilitadas. Capítulo aparte merece en este apartado la editorial Marge Books, que ha contribuido de forma decisiva y con su habitual calidad en la adecuación de los contenidos y otras labores editoriales.

Logística urbana. Manual para operadores logísticos y administraciones públicas

Ignasi Ragàs

Título de transportista. Competencia profesional para el transporte de mercancías por carretera

Francisco Martín, M. Teresa Maza, María J. de la Maza

Manual del transporte en contenedor

Jaime Rodrigo de Larrucea

Manual del transporte marítimo

Agustín Montori Díez, Carlos Escribano Muñoz, Jesús Martínez Marín

Técnicas logísticas para innovar planificar y gestionar. Aurum 1

Luis Carlos Hernández Barrueco

Técnicas de mejora continua en el transporte

Lander Tolosa

Transporte en contenedor

Jaime Rodrigo de Larrucea, Ricard Marí, Álvaro Librán

Técnicas para ahorrar costos logísticos. Aurum 2

Luis Carlos Hernández Barrueco

El Convenio CMR

Francisco Sánchez-Gamborino, Alfonso Cabrera Cánovas

Transporte de mercancías por carretera. Manual de competencia profesional
José Manuel Ruiz Rodríguez

Normativa de estiba en carretera. Claves, soluciones y modelos para estibar y trincar cargas
Eva María Hernández Ramos

Gestión documental del transporte por carretera
Eva María Hernández Ramos

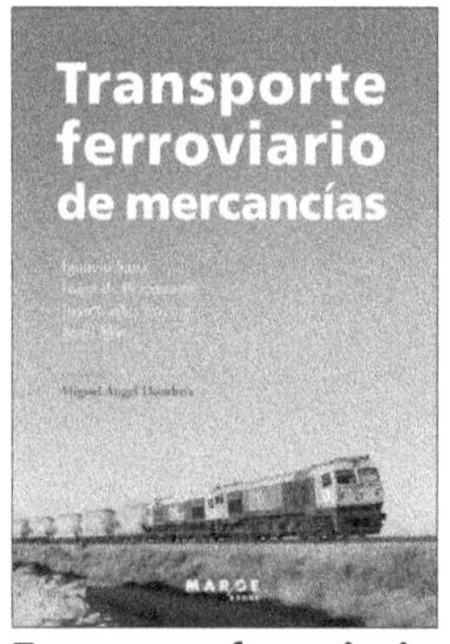

Transporte ferroviario de mercancías
Miguel Ángel Dombriz

Transporte marítimo de mercancías. Los elementos clave, los contratos y los seguros
Rosa Romero, Alfons Esteve

Manual del transporte de mercancías
Jaime Mira, David Soler

Lean Energy 4.0. Guía de Implementación
Luis Socconini, Juan Pablo Martín

Manual de prevención de riesgos laborales
Blas Gómez

Estiba y trincaje de las mercancías en contenedor
Francisco Fernández Sasiaín

València, 558 – 08026 Barcelona – Tel. +34-931 429 486 – marge@margebooks.com – www.margebooks.com